北欧生まれの
「世界一幸せなライフスタイル」
実践法

Hygge

Pia Edberg
ピア・エドバーグ［著］

永峯涼［訳］

サンマーク出版

Hygge
ヒュッゲ

北欧の国デンマーク生まれの「心地よさ」の概念。
人とのつながりを通して、あたたかさや癒やし、幸福感を得ること。
一瞬一瞬を大切にしながら、好きなものに囲まれて過ごすこと。

はじめに

「忙しい生活」に追われていませんか？

現代社会を生きる私たちは、つねに忙しく動き回り、あふれる情報の波の中でもがいています。

最近、立ち止まって自分を見つめ、こんなふうに自問したことはあるでしょうか。「果たして今の自分は幸せなのだろうか？」と。

ただ漠然と、無意識に日々を送っているのではありませんか？　そしてある日、ふと我が身を振り返って、どれだけの時間が知らず知らずのうちに経《た》ってしまったかに気づき、愕然《がくぜん》とする。

時間は、砂が手からこぼれ落ちるようにどんどんと逃げていき、年をとればとるほどその速度は増していくのです。

自分自身と、そして愛する人と、もっと向き合ってくればよかった、と思うことはありませんか？　楽しい会話やおいしい手料理といった、シンプルでありながらかけがえのないものはどこに行ってしまったんだろう、と振り返ることは？

この本は、あなたがちょっとスピードをゆるめて、人生本来の「心地よさ」を味わい、楽しむ余裕を取り戻す、そのお手伝いをする本です。慌ただしい日常の中でつい見過ごしがちな「ささやかなこと」に目を向け、大切なものと再びつながるための本です。

私は今までの人生の大半を自己啓発の勉強に費やしてきました。多くのワークショップや講座に参加し、たくさんの本を読んできて言えるのは、**人生を何百倍も素敵なものにする方法は、じつはとてもシンプル**だということです。

あなたがたとえば「マインドフルネス」や「シンプルライフ」に傾倒している人であっても、あるいは打ち込める何かを探していたり、夫婦関係を立て直したいと思っていたりする人であっても、大切な考え方はたった1つです。

その軸となるのが「**ヒュッゲ（Hygge）**」――「世界でいちばん幸せな国」と言われる北欧の国デンマークで、古くから人々の間で親しまれてきた暮らしの知恵です。

日々の生活に「心地いい」という感覚をひとつまみ加えるだけで、何もかもが変わってくるのです。

デンマーク人はなぜ、「幸せな毎日」を送れるのか？

「ヒュッゲ」とは、デンマーク人が大切にする「心地いい生活を送るための知恵」です。

「幸福度が高い国」の上位につねにランクインしている国、デンマーク。研究によれば、この国の総体的な幸福感は感謝の気持ちと結びついていることが多いそうです。

この本では、デンマーク生まれの「ヒュッゲ」の考え方がもたらしてくれる

「心地よさ」の秘密とその実践法について紹介していきます。

この本がきっかけとなって、「ヒュッゲ」をあなたの暮らしに取り入れることができれば、物事を見る目がまったく変わってくるでしょう。また、世の中や周りの人たちと、より強く結びついた自分自身を感じることができるでしょう。

暮らしの中に「心地よさ」を取り入れることは、とても簡単で、かつ堅苦しくなどありません。誰もが、そうしたいと思えばすぐに実践できます。

さあ、着心地のよい服をまとって、お気に入りの飲み物を手にしたら、あたたかい色の明かりを灯《とも》して、ページをめくってください。

これから一緒に「ヒュッゲ」を楽しんでいきましょう！

私の「心地いい」暮らしを探す旅

カナダ西海岸のブリティッシュコロンビア州、美しいバンクーバーの街並み。私が暮らしているこの街の11月は、冬が本格的な到来を告げる月であり、日々それをひしひしと感じます。

緑色だった葉がオレンジ色や赤、黄色に変わり地面に落ちていくこの時期は、「ヒュッゲ」のひとときを過ごすための本を書くのにぴったりの季節です。「スノーウィ・パインとバルサムモミ」の香りのアロマキャンドルを灯し、いちばん履き心地のよいスリッパに足を入れるとしましょう。

まずは、私が「心地いい暮らし」の大事な基本となる考え方——「ヒュッゲ」と出会って人生が変わるまでの話をしたいと思います。

私は1984年の夏に、デンマークのロラン島のニュークビン・ファルスターというところで生まれました。母はデンマークに移住してきたフィリピン人、父

はコペンハーゲン出身のデンマーク人で、工場を経営していました。

１９４０年代生まれの父は、デンマークが現在のような工業先進国になる前の、昔ながらの「ヒュッゲ」を経験して育った世代です。

毎年クリスマスの前になると、家族でクリスマスツリーにするための木を切り出しに行き、家族や友人が集まってオープンサンドとアクアヴィット（ジャガイモを原料にしたお酒）などの伝統的な料理や飲み物を楽しむ「ユールフロコスト」と呼ばれる食事会を開きます。暖炉には薪《まき》が燃え、部屋の中はあたたかく、火を灯したろうそくを並べたテーブルを囲んで、宴会は何時間も続きます。

替わって夏の季節になると、庭にテーブルを出して、夕日を浴びながらくつろいで食事などを楽しみます。

これが、デンマークで昔ながらに育まれてきた「心地いい」時間の過ごし方のひとつです。

〝地球の反対側〟ではじまったゼロからの生活

私が5歳のとき、デンマークから見て地球の反対側に当たる、カナダへと家族で移住しました。住んだのはバンクーバー近郊のメイプル・リッジという小さな町。そのときの記憶は曖昧ですが、私自身は比較的すんなりと新しい生活になじみました。

でも両親はそうはいかなかったようです。移民として暮らし、ゼロから生活をはじめるのには、多くの困難を伴いました。

我が家は裕福ではなく、住まいは1軒のアパートの小さな地下室でした。幸い、私はそこが気に入り、両親の苦労を感じることなく育ちました。父は新しい事業を興し、母はおいしい手料理やパリッとしたシーツなど、生活をきちんと保つための細かいことにまで気を配ってくれていました。

9歳になるころに、近くのハモンドという町の、小さなかわいらしい家に引っ越しました。そのころの思い出は楽しいものばかりです。素敵な友人がたくさんできて、1日中外で遊んで過ごしました。

毎日が冒険でした。そこにはおのずと、生まれ故郷デンマーク流の安らぎに満ちた暮らしがありました。**すなわち、私の家族は、デンマークに住んでいたころと変わらず、日常のささやかなことに喜びを感じ、好きな人やモノに囲まれて過ごしていたのです。**

いじめ、失恋、失業……困難を乗り越えて

14歳のときに町の反対側に引っ越し、学校も転校することになりました。当時の私は歯に矯正器具をつけた、ひょろりと痩せたちょっと変わった女の子。「世界平和」などを熱く語りたがるタイプだったので、転校先の同級生たちには快く受け入れられず、いじめにあいました。

変なあだ名をつけられ、つばを吐きかけられ、髪にバターをすり込まれたり、殴るぞと脅されたりして、私の自尊心はズタズタになりました。学年が上がるにつれていじめはなくなっていきましたが、つらい記憶が消えてなくなることはあ

りませんでした。

20代の前半は、目の前の楽しいことだけを追求し、人から認めてもらうことばかり考えて過ごしました。高校時代にいじめられた経験から、自分だけ浮いてしまうのが怖かったのです。とにかく周りに受け入れてもらおうと必死でした。大学では社会心理学の学位を取得するかたわら、ギターと作曲もかじりました。

卒業後は、アニメや映画を手がけるスタジオで、人事関連の仕事に就きました。人材開発に興味があった私は、これぞ天職とばかりに自己啓発の本を読みあさるようになりました。今から思えば、**人に理解されたいという気持ちが強いゆえに、みずからも人を理解しようとしていた**のだと思います。


その後、いわゆる人生の危機が訪れました。当時つき合っていた恋人と別れたのです。その人とは3年間一緒に住んだあと、おたがいに合わないということに気づき、まったく別の道を歩むことになりました。

そして同じ時期に、職も失うことになってしまいました。勤めていたスタジオが閉鎖に追い込まれたのです。私は精神的に落ち込む同僚たちのサポートに追われました。さらに追い打ちをかけるように、新たにつき合いはじめた恋人ともうまくいかず、関係がこじれて自分の心もボロボロに。……もう限界でした。

子どものころは自信にあふれて生き生きとしていたはずの私が、人生のふとしたはずみで、不安定で混乱した若者へと変貌してしまったのです。自分が何者なのか、もはや分からなくなっていました。

ずっと求めていた「自分の本当の居場所」

何度も自己分析や自分探しを繰り返した末に気づいたのは、「自分を幸せにしてくれるのは表面的なものではない」ということでした。そして内面の世界をさぐるうちに、「ミニマリズム」の考え方に行き当たったのです。

私は持ち物の半分以上を処分し、小さなワンルームのアパートに引っ越しました。そこで得たのは、ある種の自由な感覚でした。

高すぎる家賃の心配をしなくてよいし、家が広すぎて掃除を負担に感じたり、社会によってつくられたイメージを保とうとがんばったりする必要もない。自分が本当に欲しいものだけに集中し、自分らしく生きればよい。実際、モノを減ら

した生活は非常に快適だったのです！

　こうしたミニマリズムとはつまり、物理的に所有している「モノ」や自分の周りにいる人たち、不健康な生活習慣といった、余計なものと「さよなら」することでした。

　これらを排除し生活を簡素化することで、思考がクリアになり、ストレスは軽減し、本当に大切なもの――たとえば愛する人と過ごす時間、何かをつくること、夢をかなえること、健康、旅、恩返しなど――と向き合う時間ができる。

でも、ミニマリズムを実践している間ずっと、私は何かが足りないような気がしていました。私にとって身近で大切な、ある種の安らぎやあたたかさ、「心地いい」という感覚。それは、モノを減らして空っぽのアパートに引っ越しても得られなかったものでした。

　家にいてもくつろげないのはなぜ？　――私は自分の心が、生まれ育ったデンマークの、あの「心地よさ」を自然と欲していることに気づいたのです。

「ヒュッゲ」しちゃえば、どんなときも大丈夫！

「ヒュッゲ」とは、日々の中のシンプルで心地いい時間を楽しむこと。ミニマリズムの概念と似ていますが、それをさらに進化させたものです。

生きていればよいことも悪いこともあるけれど、**「ヒュッゲ」の魅力を再発見した今、私はどんなときもぶれずに生きがいを感じながら生きていけると、自信を持って言えます。**

この本のメッセージが、私と同じように人生の試練に直面している方々に届き、少しでも前向きになるヒントになれば幸せです。

この本は4つのPARTに分かれています。「ヒュッゲ」とは何か、「ヒュッゲ」の基本、「ヒュッゲ」を取り入れた暮らしの実践法、そして「ヒュッゲ」と幸福感の関係です。

さっそく本編から、あなた自身の生活に格別の「心地いい」時間をプラスする方法をご紹介していきましょう。

CONTENTS

はじめに

PART3 今日からさっそく「ヒュッゲ」してみよう

ブックデザイン　轡田昭彦＋坪井朋子
カバー写真　©PARADE/ANYONE/amanaimages
翻訳協力　オフィス宮崎
編集協力　株式会社ぷれす
編集　平沢拓（サンマーク出版）

PART1

世界一幸せなライフスタイル「ヒュッゲ」とは？

北欧生まれの「心地いい」を大切にする暮らし方

デンマーク語の「ヒュッゲ」とは、名詞であり動詞でもあり、なかなかうまい訳語が見つからない言葉です。もっとも近いところで「居心地のよさ（coziness）」が挙げられますが、これもぴったり当てはまるわけではありません。

物理的な居心地のよさを軸としながら、そこには「精神的な幸福感」や「周りとの一体感」も含まれます。自分自身、そして周りの人たちとの親密さ、つながり、あたたかさを丁寧につくっていく。そのアプローチ全体が、デンマーク流の「心地いい」暮らし方なのです。

「ヒュッゲ」を実践していると、自然とシンプルな物事の中にも喜びを感じられるようになります。たとえば、しばらく会っていなかった友人とろうそくの明かりを囲んでワインを飲むとか、仲のよい家族や友人と夏の公園にピクニックに出かけ、広げたシートの上に寝そべるとか。

自分の好きなものに囲まれて過ごし、その時間をいつくしむ暮らし方。

家の中で過ごすことを1日のせわしないルーティンのひとつとしてとらえるのでなく、その私的な、自分だけの時間を意識的に楽しむこと。自分の中にあるあのあたたかい、ゆるやかな感覚を呼び覚まし、そこにひたること――。

デンマークの社会人類学者イェッペ・トロール・リネット博士は「家庭的・アットホームな（homeyness）」という言葉のほうが「ヒュッゲ」の訳語としてふさわしいと述べています。北欧では、昔から家庭こそが人が自分らしくいられ、外界のネガティブなことをシャットアウトできる唯一の場所だと考えられているからだそうです。

自分が守られていると感じられる場所、帰れる場所があるというのは本当に大切なこと。そして、誰にだってそんな場所を持つ権利があるのです。

大切な人と集まって過ごす機会は、自然と秋や冬の寒い季節が多くなりがちですが、もちろん春や夏でもＯＫです。

公園でのピクニック、海辺で１日中のんびりする、音楽祭に出かける、バーベキュー、サイクリング、何の予定も立てずに友人と一緒にビーチに行く……こうしたことが、デンマーク流の「心地いい」時間の過ごし方の典型的な例です。

どんなにささやかであっても、「目の前にあるものを楽しむ」ことができれば、それは今を精いっぱい生きる人生を送ることにつながります。

くつろぎや居心地のよさを追求することで、本当の自分でいられる、安全な場所をつくり上げる。自分の世界をつくり上げたら、親しい人たちをそこに招き入れる。そこには、心あたたまるつながりや一体感が生まれるはずです。

「ヒュッゲとは、
心と心が出会う場所」

お金がなくても「幸せ」は手に入れられる

「ヒュッゲ」のルーツはデンマークにあります。北欧のスカンジナビア地方、スウェーデンの南西に位置するこの国は、冬には1日の日照時間が7時間ほどしかなく、平均気温は0度という環境にもかかわらず、**国連の幸福度報告書では、2013年と2014年には1位、2015年は3位（編集部注：2016年は1位、2017年は2位）と、つねに上位にランクイン**しています。

上位に名を連ねる主な要素としては、ワークライフ・バランス（週37時間労働に加えて、年に最低5週間の休暇）、充実した育児休暇制度や医療制度、男女平等の浸透、低失業率、政治的自由度、低い犯罪率、政治家の汚職が少ないこと、などが挙げられます。

調査対象国の中でもっとも税率が高い国のひとつであるにもかかわらず、幸福度ではつねに上位にランクインしています。

つまり、**「幸福度」やその背景にある「ヒュッゲ」は、お金には換算できない**

ということ。モノをたくさん所有することではなく、シンプルで何気ないことに楽しみを見出《みいだ》し、コミュニティを大切にする感覚を持ち、親しい人たちとの時間をいつくしむ姿勢が大切なのです。

その点、デンマーク人は余暇の時間を過ごすことに真剣で、「心地いい」暮らしが何であるかをよく心得ている人たちです。

「競い合い」や「奪い合い」はしなくていい！

デンマーク人がシンプルなライフスタイルに価値を置くのは、1933年に発表された小説に出てくる架空の村ヤンテにちなんだ「ヤンテの掟《おきて》（Janteloven）」の精神と関係があります。

「ヤンテの掟」とは、**「自分は他の人たちより優れているわけではない、自分が特別だと思ってはいけない」という考え方**です（これについてはデンマークでも賛否両方の意見がありますが）。

1人ひとりが持つ個性は、その人ならではの能力や技量を発揮させ、その人を個人的な成功へと導くものです。「ヤンテの掟」はそれとは対照的に、平等を基本とする概念。競争は必要ない、誰もが平等に扱われるという考え方です。

どんな仕事をしているか、どんな経歴を持つかで人を評価したりはしない。いちばん大切なのは、あなたが〝幸せを感じながら〟過ごせているかということ。

そこに軸を置けば、人生で起きる困難な場面でも落胆することは減り、満足度の高い生活を送れるのです。

「ヒュッゲ」という言葉は18世紀ごろからあり、もともとは北欧のノルド地方の「幸福」の概念からきています。イェッペ・トロール・リネット博士はこれを次のように表現しました。

「安全で安心な居住環境。とりわけ家庭や家族の中で、くつろぎや楽しみを見つけること。たとえば子どもに対し穏やかに愛情を持って接すること。周りの人が協調しやすく、たがいに気持ちよく過ごしながら信頼関係も育んでいけるような、感じのよいふるまい。豪華でもスタイリッシュでもないけれど、掃除の行きとどいた住みやすい家」

もちろん、ヒュッゲに社会階層など関係ありません。誰もが思い思いに、気軽に実践できるものです。

似たような考え方は、他の国にもいくつか見られます。

□日本の「わび・さび」………不完全なものの中に美を見出すという考え方。

□ノルウェーの「フリルフスリフ（Friluftsliv）」……直訳すると「自然の中の暮らし（open-air life）」。自然と共存し、自然との調和を楽しみながら暮らすこと。

□ドイツの「ゲミュートリッヒカイト（Gemütlichkeit）」……リラックスした居心地のよさ。ヒュッゲとよく似た感覚です。

□オランダの「ヘゼリフハイト（Gezelligheid）」……親しい人と一緒にいる心地よさ。これもヒュッゲとよく似ています。

デンマークの冬は長くて暗いため、デンマークの人たちはとくにこの季節をうつうつとせずに過ごす工夫が必要でした。冬になるとろうそくを灯《とも》し、人が集ってともにくつろいでときを過ごすようになったのはそういうわけです。

「ヒュッゲ」のクライマックスはクリスマスシーズン。あたたかい色の明かりやろうそく、花や緑、そして昔ながらのクリスマス・デコレーションがあらゆる場所にあふれます——各家庭、商店、パブ、そして世界中から観光客がやってくるかの有名なチボリ公園にさえも。

昔ながらの「ヒュッゲ」について父に聞いてみた

75歳になる私の父は、昔ながらのデンマークの暮らしを体験した世代です。そんな父に、昔の「心地いい」暮らし――「ヒュッゲ」とは何かを聞いてみました。今よりずっと質素だった時代を生きた人の話は、とても興味深いものでした。

――お父さんにとってのヒュッゲの定義とは？

いろいろなことが合わさったものがヒュッゲだよ。家族や友人、隣人との一体感、ろうそくの明かり、暖炉で薪《まき》が燃える香り。こういうものが合わさるとよい気分になるんだ。好きな人たちと一緒にいて、その場の雰囲気が楽しいということが大切。ヒュッゲとは、古風で形式ばらないものなんだ。

――ヒュッゲはどのようにして生まれたもの？

デンマークは小さな国だ。農家の規模は小さく、人々はたがいに近くに住んでいた。みんながたがいに助け合って生きていた。自分の子どもは近所の子どもたちと遊ぶし、それぞれの家を行き来していた。

子どもがきっかけとなって、親たちも知り合いになる。田舎では収穫の時期になるとたがいの収穫を手伝ったり、あるいは親の誰かが病気になればその子どもを預かったりして面倒をみる。近所の人たちとは密なつながりで結ばれていたんだよ。

電気のなかったころは、テレビもないし、もちろんインターネットなどないし、つまり娯楽がない。だから家でろうそくを灯してみんな一緒に過ごしたのさ。でもそのころのろうそくは値段が高く、当時は誰もが貧しかったから、ろうそくを買うために節約しなければならなかった。

寒い季節になると、みんな台所に集まってくる。調理用の鋳鉄ストーブがあるからね。家中をくまなく暖房するお金などなかった。

もちろん、ストーブのそばでただぼんやりしていたわけではないよ。ろうそくの灯のそばに座って編み物などをしてね。家族の誰かが若かったころの話や、経験してきたおもしろい話をすることもあった。あるいは、ちょっとしたおやつを食べたり——焼きリンゴに砂糖とシナモンをかけたのはごちそうだった。ものすごくおいしかったのを覚えているよ。

エルダーベリーを摘んできて、シナモンなどのスパイス類と砂糖を入れて火にかける。これはポピュラーな飲み物だった。座ってくつろぎながら飲むんだ。

もう少しあとの時代になると、裕福な家ではユール・グロッグ（ホットワイン）をつくったりしていた。赤ワインをあたためて、そこに好みに合わせてレーズン、くだいたアーモンド、ビール、蒸留酒と砂糖などを入れた、甘い飲み物だ。シナモンクッキーなんかを焼くこともあったね。

――「ヒュッゲ」を感じやすいのはどんなとき？

いちばん典型的なのは、外が寒いとき。長時間外に出ていたあとに家の中に入ると、あたたかさを感じるんだ。誰かが料理をしていて、いい匂いがする。家の中は素敵に飾りつけられていて、ろうそくが灯っている。

あたたかい場所に帰ってきたときの幸せな気持ち。誰もが機嫌がよくて、冗談を言ったり笑ったり、語り合ったりしている。食べ物も高価なものはなくて、自家製クッキーなど簡単で質素なものばかり。

テレビやインターネットや携帯電話がある現代では、当時のヒュッゲはもうできないかもしれない。こうした文明の機器はヒュッゲのような、ともに楽しいひとときを過ごすこととは正反対なものだからね。

北米の国にヒュッゲのような習慣がないのは、こういう一体感を味わったことがないからだろうな。デンマークでは、クリスマスの時期になるとこう言ったものだ――「冬のさなかに誰かが家を訪ねてきたら、必ずおもてなしをしなさい。誰もがクリスマスの恵みをいただく権利があるのだから」ってね。

郵便配達の人が来たら家の中に招き入れて、コーヒーをふるまうんだ。彼もまたコミュニティの一員だからね。そうして家から家へと配達をして回るうちに、彼を通じておたがいの状況が伝わっていくんだ。

小さいころからこうした暮らしを経験していれば、大きくなってもそれはとても自然で当たり前なことになるんだよ。昔は11月も終わりごろになると、誰もがクリスマスの支度で忙しくなったものだ。お母さんは子どもたちと家でクリスマス・デコレーションをつくったり、クッキーを焼いたりした。

――現代の人たちはどのようにヒュッゲすればよい？

まあ、やり方は昔と大体同じだと思う。でも今の人たちはつねに電子機器から手を離さないでいるよね。大切なのは人と人との触れ合いなのに。

ヒュッゲとはじつにシンプルなもので、それは食べ物にも当てはまる。出される料理もまた、手づくりの簡素なものがいい。何世代も前から受け継がれてきた、昔ながらのね。

——ヒュッゲのとっておきの思い出は？

ロラン島のハンセビーに引っ越したばかりのころ、当時飼っていた馬のために干し草を手に入れなければならなかった。どこを探してもなかったんだが、少し離れたところに古城があって、そこにならあるかもしれないと教えてくれる人があった。電話してみたら、分けてあげるから来なさいと言う。もう暗くなりかけていたし凍るように寒い日だったけれど、行ったら干し草をたくさんくれたんだ。

それから彼らの台所に招かれた。素敵な風景だったよ——田舎風の広い台所で、巨大な鋳鉄ストーブの上では煮込み料理がつくられていた。天井にはボール紙でつくられた赤いハート型のオブジェが、木製の梁《はり》からたくさんぶら下がっていたよ。そして、あたたかい飲み物、ユール・グロッグをごちそうになった。

そこには何人かの人がいたが、私たちが入って行くとみんな「やあ、こんにちは」と歓迎してくれた。初めて会うのに、とてもあたたかく迎え入れてくれたんだ。寒い中をやってきて、感じよく迎えられるというのは本当によいものだ。料理もごちそうになったが、とにかくその場の何もかもがとても心地よかった。見ず知らずの人の家でのことだったから、なおさら印象に残っているよ。

——最後に、ヒュッゲについて何かコメントは？

今住んでいるカナダと何がいちばん違うかと言えば、デンマークは本当に小さな国で、みんな頻繁に引っ越したりしないということだ。多くの人は生涯同じ場所に暮らし、周りの人たちと何十年もつき合っていく。カナダでは、家が値上がりするとみんな転売して引っ越すから、近所の人も名前を覚える前にいなくなってしまう。

しきたりや伝統はとても大切なものだ。たとえば私が毎年やっているクリスマス・ランチのようにね。ヒュッゲはとても古風なものだ。昔は娯楽なんかなかったから、みんなが集まると誰かが本を朗読したり、昔話をしたり、人形づくりをしたりして、自分でできる楽しみを見つけていたよ。男連中は輪になって座り、ヤナギの枝を編んで暖炉用の薪を入れておく籠をつくったりした。

ヒュッゲは本当に得がたい時間だよ。人とのつながりという意味でも貴重な時間だし、おいしい食べ物や飲み物もあってくつろげる。そんな楽しいひとときを過ごした思い出は、忘れることがないね。

父のものの見方にはいつも新鮮な刺激を受けます。世の中を生き生きとした目で見ていて、どんな昔のことでも細かく覚えているのです。ヒュッゲについて知れば知るほど、私の中で「体験したい」という気持ちが大きくなってきました。

人生はあっという間に過ぎていくもの。気がついたら人生の終わりを迎えていた、ということだってあるのです。そう考えると、**ビッグイベントの合間にある無数の小さな瞬間もまた、同じぐらい大切で貴重だ**ということが分かります。

人とのつながり、今を生きているという実感、シンプルであること、そして小さくともかけがえのない喜びの積み重ね――これらこそが、私たちの人生をより豊かにし、より深めてくれるものではないでしょうか。

「家ほど素敵な場所はない」

『オズの魔法使い』より、ドロシーのせりふ

PART2

デンマーク流「心地いい」暮らしの基本

「心地いい」暮らしってどんなもの？

では、どうすれば心地いい暮らしを送ることができるのでしょうか。

そもそも「ヒュッゲ」の基本はどこにあるのでしょう？


自分の心のおもむくままに生活していたら、それが自然と心地いい暮らしになっていた、ということもあると思います。自分の好きなものに囲まれて、なるべくリラックスした生活を心がけている場合など。

たとえば私にとってのヒュッゲは、どんな状況にあってもつねに安らぎを感じ、何かと「つながっている感覚」を得られることです。

学校でも職場でも、初めて会う人たちのグループであっても、そこにはそこにだけ感じられるエネルギーの流れのようなものがあります。そこに帰属しているように感じることもあれば、そう感じられないこともあります。

ヒュッゲはとても私的で個人的なものなので、あなたを幸せにしてくれるもの

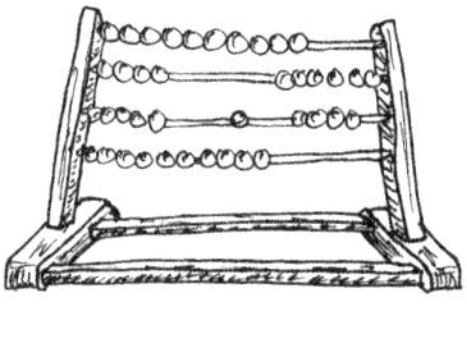

が他の人にとってもそうだとは限りません。**大切なのはあなたが、どこで何をしていようと「家にいるように安心できる」こと。安全で、幸せで、つながっていて、今を生きていると感じられることです。**

ヒュッゲは外的（自分の態度や行動、ふるまい）であるのと同じくらい、内的（感情や心に訴える）なものです。

シンプルさに価値を置くこと、スローダウンすること、くつろいだ雰囲気、仲間を大切にすること、もてなし方、心の持ちよう、寛容さ、そして自然であること。これらはすべて、人生を今より少しだけ楽しみ、より豊かで深いものにするエッセンスなのです。

いつでも、どこでも、誰でも実践できる

しばし目を閉じて、あなたがまだ子どもだったころ、安全で安心していられて、ありのままの自分でいられたころを思い出してください。

そのころのあなたのそばには誰がいますか？　お母さん？　お父さん？　祖父母や兄弟姉妹？　自分1人ということもあるかもしれません。

あなたは何をしていますか？　絵を描いているか、大好きなクッキーを焼くお手伝いをしているでしょうか？　屋根に上って星を見たり、家族と一緒にテレビの前に座ってひいきのチームの応援をしたりしているところ？　お母さんの腕の中で甘えたり、お姉ちゃんと手をつないで公園をお散歩したりしているかもしれません。

その瞬間を特別なものにしているのは何ですか？

私の子ども時代の穏やかで特別な時間は、両親と一緒に車に乗って、別の町ま

でドライブがてら買い物に行くことでした。車の後部座席に座り、父と母に守られた空間の中で、何時間も車窓の景色を眺めたりもの思いにふけったりするのは、本当に心が落ち着くひとときでした。

私は、そこにいる限り、両親がそばにいる限り、自分には決して悪いことは起こらないという気持ちがしていました。車に乗って買い物に行くというだけのことが、私にとっては宝物のように大切な時間・空間だったのです。大人になった今も、私はちょっとした用事のために誰かと一緒に出かけるのが大好きです。

みんなそれぞれ異なる経験をしている以上、心安らぐ対象にも違いがあります。**つまり、人それぞれに「ヒュッゲ」がある、**ということなのです。それは、〝**外の悪いもの〟からあなたを守ってくれる安全な場所であり、愛するものに囲まれて過ごすこと**なのです。そこには郷愁にも似た感覚があります。

また、クリスマスや感謝祭のときのように、気のおけない家族や友人たちに囲まれ、おいしい料理や飲み物とともにくつろいだ雰囲気の中で時間を過ごすことも また、「ヒュッゲ」です。

そしてじつは、これらの感覚は時期を問わずいつだって実践できるのです！いつだって、どこだって、何だって、「心地いい」に変えていくことができます。

「ヒュッゲは訳すべき言葉ではない
——感じるべき言葉だ」
トーブ・マレン・スタッケスタッド（作家）

◉あなたの子ども時代の「大切な思い出」を1つ書き出してみてください。

「心地いい」暮らしの基本 1 シンプル

「心地いい」暮らしの基本はずばり、「日々の暮らしの小さなあれこれを愛《め》でる」という、シンプルな考え方にあります。

デンマーク人は他の国の人たちと比べ、物質的な豊かさへの執着があまりありません。モノをため込むことよりも、家族や友人との時間や絆《きずな》を大切にしているからです。

人生でもっとも価値のあるもの、もっとも記憶に残る出来事はえてしてお金のかからないものです——公園でのピクニックとか、仲よしの友人とホットチョコレートのカップを手に雪が降るのを眺めることとか。

誰もが生活の中にほんのちょっぴり「ヒュッゲ」のシンプルで心地いい時間の過ごし方を取り入れたなら、みんなもっと幸せな気持ちになり、心に余裕ができておたがいにやさしくなれると思います。

「心地いい」暮らしの基本 2 スローダウン

私たちは不安定な世の中に生きていて、情報過多に苦しんでいます。さまざまな情報がつねに押し寄せてきて、落ち着く間を与えてくれません。ToDoリストにがんじがらめになってしまって、ひと息ついて緊張をゆるめたり、スローダウンしたりすることを忘れてしまいがちです。

スローダウンは、心地いい暮らしの大切なキーワードのひとつ。速度をゆるめることで、自分を取り戻すことができるからです。

試しに一度、電子機器の電源をすべて切ってしまいましょう！　ろうそくを灯《とも》して、携帯電話などの機器類をすべて片づけてしまうのです。

スローダウンは簡単なことではないし、はじめは違和感すら覚えるかもしれません。でも、その静かな時間の中で初めて、私たちはバランスを取り戻し、元気を取り戻し、人ときちんとつながることができるのです。

さあ、今から20分間、自分とだけ向き合う時間をつくってみましょう。

「ゆっくり行きなさい。
人生には速度を上げるより
大切なものがある」

マハトマ・ガンジー

「心地いい」暮らしの基本 3　空気感

あたたかさや居心地のよさがにじみ出ている雰囲気。安全でおおらかで、ゆったりとしていて、人と比べたり競争したりしない。

それこそが、心地いい暮らしが持つ「空気感」です。

大切なのはすべてを楽しむこと。ただし、パーティのようなにぎやかな雰囲気とは違い、もっとくつろいだ、親密なもの、満ち足りて、充足感を得られるものです。あれこれと気が散ったり、明日やるべきことを思い悩んだりすることもありません。急ぐ必要はないのですから。

たとえば政治や宗教について熱い議論をたたかわせるのは、心地いい暮らしとはなかなか相《あい》容《い》れないかもしれません。一方、静かな空間で、深刻なものから軽いものまでさまざまな話題の会話を楽しみながら、仲のいい人たちと親密かつ貴重なひとときを過ごせば、それこそが心地いい暮らしの鍵となります。

また、ヒュッゲは他人との社交だけに限りません。1人でもできますし、たと

えば毎朝の身支度の習慣や夕食づくりなど、日常生活のルーティンの中でもできるものです。

あなたがどんな人か、どこから来たのかなど関係なく、誰でも実践できるのがヒュッゲのよいところです。自然発生的なヒュッゲでも、計画されたヒュッゲでもかまわない――そこには決まりなどありません！

「ヒュッゲは、
自分が望むもののすべての中に存在する」

「心地いい」暮らしの基本4　仲間

誰かとともに心地いい暮らしを実践するなら、一緒にいて楽しい人がいちばん。

それは、親しい友人や家族、パートナー、隣人、同僚など。もちろん1人でもOKです。**大切なのは、あなたが安心して自分らしくいられる人たちとともに過ごすこと。**

私の場合は——ありきたりかもしれませんが——親しい友人たちと床に輪になって座り、照明を落として、ワインを飲みながら人生について語る時間がお気に入りです。何日だって続けられます！

心地いい瞬間をともに過ごす仲間は人間とは限りません。ペットも相棒として言うことなし！　私も、家で飼っている2匹の猫、チャーリーとヘンリーは最高のくつろぎの友です。

「よき仲間がいれば、
どんな道のりも長くはない」
トルコのことわざ

「心地いい」暮らしの基本 5 オーセンティック

「オーセンティック」とは、ときおり耳にする言葉ですが、本来どういう意味があるのでしょうか。

突きつめていけば、オーセンティックとは本物であること、誠実であること、地に足がついていること。これは本当の自分でいることにもつながります——**自分の喜びに忠実に、自分の価値観にしたがって生き、誰かから言われたことではなく、自分の純粋な心の声に耳をかたむけること。**

オーセンティックであることを追求するためには、まず自分を知る必要があります。自分が何者かが分かれば、キャリアでも人間関係でも、趣味や人生の目標においても、幸福で満たされた人生を歩むことができるのです。

他のことをやる手を少し止めて、あなたが好きなことや大切にしていること、それに対する思いや感情を書き出してみてください。自分らしいこと、自分らしくないことは何か。直感を信じて、内なる自分と対話するのです。

自分の心の声を探す旅は誰もが経験すること。年を重ね成長していくにつれ、私たちの個性もまた成長し、進化していきます。自分を振り返ってみてください。日々新しい発見があるはずです。

ヒュッゲにおいて、オーセンティックであること——つまり、自分らしく生きること——はとても大切なことです。

自分以外の誰かのふりをしたり、別のイメージを演出しようとしたり、どんな自分を演じようか、そのために何を着ていこうかなどと思い悩んだ瞬間に、ヒュッゲの感覚は失われてしまうのです。心をひらくこと、人に親切にすること、そして自分自身の気をも楽にすることがヒュッゲなのですから。

誰かに認めてもらおうとか、よく思われようとする必要はありません。北米の文化では、ときに自分がいかに成功しているか、いかに興味深い人間であるかを示さなくてはならない、と感じることがありますが、それはヒュッゲの感覚ではありません。

大切なのは、自分を何かに見せかけようとせず、自分らしくあることだけに集中し、その瞬間にじっくりひたること。そうすれば心は解放されて楽になり、自

分らしい自分を受け入れ、また人にも受け入れてもらえるようになるでしょう。

何を持っているかで自分を評価したり、されたりすることをやめるのです。「すべての人から好かれることはできない」ということを、少なくとも頭にとめておいてください。嫌われたくないがために自分ではない誰かのふりをすれば、自分とは合わない人を引きつけてしまうことになります。反対に、自分らしくいれば自分と合う人と引かれ合い、仲間になることができます。

心地いい環境に身を置くことは平和を得ること。自分の心の安全な居場所を得ることでもあります。

端的に言えば、ヒュッゲとは、快適さを見出《みいだ》せない対象をシャットアウトして、安心で安全な場所をつくり、時間をともにしたい仲間とだけ、安らぎのひとときを過ごすことです。強制されることは何もありません。ただただ自然に、居心地のよい空間と時間が広がる場所なのです。

ですから、話すときは興味のある話題をどんどん出すようにしましょう。自分の夢や、夢をともにかなえたい人、かなえる喜びを分かち合いたい人について話しているうちに、自分と感覚が合う人と出会えるかもしれません。

また、気が向かなければ、何も話さずに沈黙を楽しむのでもかまわないのです。

◉あなたがもっとも大切にしているものは何ですか。書き出してみましょう。

「あなたらしくあることだけが、あなたを解放する」

エックハルト・トール

天気の悪い日にこそ、楽しみのチャンスがある

ヒュッゲで大切にされている考え方のひとつに、「物事をよいほうにとらえること、うまくいかないときでも前向きに考えること」があります。

たとえば私が失業したときのこと。職を失うのは誰の身にも起こり得ることですが、私も初めての失業を経験したときは強いストレスを感じ、不安で押しつぶされそうでした。

でも、2度目に失業したときに、その逆境がじつは大きなチャンスでもあることを学んだのです。**1つの扉が閉じれば、別の扉がひらく。新たなチャンスが訪れて、私を望む方向へと導いてくれました。**

このように、一見「ネガティブ」と思われる現実も、見方次第でポジティブに変えることができます。

ヒュッゲとは、どんなに悪く見える状況であってもそれを受け入れることです。

たとえば、外がひどい天気の日を想像してみてください――暗くて土砂降りの雨が降っていて、凍えそうに寒い。でもそんな日こそ、室内で「心地いい」時間を過ごすのにうってつけでしょう？　外の天気がみじめであればこそ、部屋の中であたたかい服に身をつつみ、毛布にくるまって映画を観《み》る時間が、よりぜいたくに感じられるのですから。

天気が悪いと言ってぼやくだけなら、誰にでもできます。私も別名「レインクーバー」と言われるほど雨の多いバンクーバーに住んでいるので、そういう気持ちはよく分かります。

でも、少し視点を変えて「悪い」天気にも愛すべきところがないか、探してみてください。

たとえば、寒さで凍えそうな日に、お気に入りのジャケットを着て、あたたかいマフラーとニット帽を着け、自然の中を散策してみる。あるいは、大雪のあとに、降ったばかりの雪を転がして、雪だるまをつくってみるのもいいでしょう。

こんなふうに、不満を口にしたりぼやいたりしたくなったら、そのネガティブな気持ちをポジティブに変えるきっかけを探してみるのです。

「好ましくない服はあっても、
好ましくない天気
などというものはない」
ノルウェーのことわざ

日常の「何でもないこと」を1つひとつ大切に

ヒュッゲの精神は、親切で、思いやりがあって、おおらかなもの。家族や友人を夕食に招待するときには相手をあたたかくもてなし、1人でまったりするときには、自分を存分に甘やかしてあげましょう。

子どもがいる人であれば、日々の一見何でもないことを大切にするように伝えます。家事に子どもも巻き込んで、何でも自分でやらせてみるのです。

夕食のあと片づけをしたり、料理を手伝ったりすることは、面倒くさいことではなく、毎日の暮らしをより楽しいものにする重要なアクティビティなんだと、教えてあげるいい機会になります。

毎日の実用的なルーティンに取りかかる前に、心地いい暮らしの感覚的・心理的な土台を知っておく必要があります。

いったんスピードをゆるめ、自分を取り巻く世界をよく観察してみてください。

今まで気づかなかったことが見えてくるはずです。

さて、次のＰＡＲＴでは、いよいよ日々の暮らしの中に「心地いい」の感覚を取り入れる具体的な実践法をご紹介していきます。中には、みなさんがすでに実践していることもあるかもしれません。

日常のさまざまな場面を、ヒュッゲの力でパワーアップさせていきましょう！

PART3

今日からさっそく「ヒュッゲ」してみよう

「ヒュッゲ」のチャンスは至るところにある

ヒュッゲは至るところにあるものです。と言うよりも、「望みさえすればどこにでも見つけられる」と言ったほうがよいでしょうか。

このPARTでは、実際の暮らしの中に、どのようにして「心地よさ」を取り入れればよいのか、ご紹介していきたいと思います。

落ち着ける空間のつくり方、デンマークの伝統的なお菓子のレシピ、親しい人たちとくつろいで過ごすためのコツ……など、ぜひ「ヒュッゲ」をご自分の生活に取り入れる際の参考にしてみてください。

「心地いい」暮らしについて考えるとき、私の頭にまず浮かぶのは、昔ながらの暮らしです。

シンプルで、何でも手づくりするような生活。どこか懐かしさを感じさせる、コミュニティを軸にした暮らし。テクノロジーとは無縁で、屋外の自然をいつくしみ、愛する人たちと中身の濃い時間を過ごす毎日。
そんなワクワク感を、日々の暮らしにも取り入れてみてはいかがでしょうか。

わが家を「世界一くつろげる場所」にしよう

大げさに聞こえるかもしれませんが、私の自宅は居心地がよすぎて、どこにも出かけたくなくなるほどです。

ソファで丸くなって寝そべれば、手の届くところに肌触りのやわらかいクッションや毛布があり、赤ワインが飲みたいと思えば、いつでもグラスに注いで、ろうそくの明かりを眺めながら、ゆっくりと時間をかけて味わうことができる空間なのです。

家のリフォームや模様替えを計画するときは、**自分がくつろげる空間づくり**を第一に考えるべきです。細部に至るまで凝った内装を好む人もいれば、それほどの力作を望まない人もいる。**その中で何よりも大事なのは、あなた自身が好きなものに囲まれて、満ち足りた気持ちで過ごせるかどうかということです。**

コツは「狭い範囲」から取りかかってみること。

お金をかけなくても大丈夫。たとえばアロマキャンドルを買い足すだけでも素敵なアクセントになってくれます。それだったらいくらもかからないでしょう。キャンドルは、マツやバニラ、スパイス類など、ナチュラルで素朴な香りのものがおすすめです。私が好きなのは、パンやお菓子を焼いたときのような、香ばしい香り。お気に入りの香りは心を和ませてくれますし、ろうそくの自然な明かりは部屋にあたたかで穏やかな光をもたらしてくれます。

家族やルームメイトと暮らしているなら協力してもらい、空間をつくり上げていくワクワク感を分かち合ってみてはどうでしょう。作業できるのが自分の寝室やパーソナルスペースのみということでしたら、もちろん1人で進めてもかまいません。

居住空間をくつろげるものにすると、その影響力は絶大です。あなたの生活が大きく変わっていくのを見て、周りの人たちも自然と「真似《まね》したい」と思うようになります。

くつろぎや居心地のよさを追求することが、あなたにとってどれだけ大切なものか、思い切って身近な人に伝えるようにしましょう。周りの人たちと調和することと幸福感とは、切っても切れない大切なものですから。

家の中は「片づけすぎない」ことが大事

くつろげる空間づくりはどこでも行うことが可能ですが、実際には自宅で、というケースが多いと思います。

もちろん、家の中はきちんと掃除されて片づいているに越したことはありません。けれども「ヒュッゲ」において、極端にピカピカにする必要はないのです。

生活感がなさすぎると、無機質で冷たい感じになってしまうからです。

散らかり放題になってさえいなければ、**人が生活している気配が感じられつつ、ほどほどに片づいている——そのちょうどいいバランスが、「心地いい」感覚をもたらしてくれます。**

インテリアを変えるときは、自分と自分の家族についてよく考え、計画的に行いましょう。

モノをため込んだり、あるいはセールだったからという理由だけで何かを買ったりしないように気をつけなければいけません。モノの配置は行き当たりばったりにならないように目的を持って行い、使わなくなったモノ、自分に合わなくなってしまったモノは迷わず処分すること。

あなたにとっての不用品が、他の人にとっての宝物ということもあります。要らなくなったモノはリサイクルショップに持って行ったり、慈善団体に寄付したりしましょう。こうして、あなたのかつてのお気に入りの品が、他の誰かの生活のいろどりとなっていくのです。

とは言うものの、「個人的な思い入れがあるもの」や形見の品などは、本当に大切なものに限って残しておいてもOKです。

思い入れのある品物には、個人の歴史が刻まれています。私たちが何者なのか、どこから来たのかを教えてくれるものもあります。手に取るだけで、昔の知人や、思い出の場所や、過ぎ去った時間を思い出させてくれ、あたたかくて懐かしい感情が湧き起こってくる。

そう、ヒュッゲはとても古風なもので、そこにはノスタルジックで不思議な〝何か〟があるのです。家は、その持ち主の人となりや、趣味や嗜好《しこう》をあらわしています。そして、それぞれに物語のあるモノに囲まれた空間づくりこそが、私の理想です。

部屋に入った瞬間に「ここが自分の場所なんだ」と感じられるような空間をつくりましょう。自分の居場所とは、自分が安全で安心していられる場所。

私の場合、自分が子ども時代を過ごしたような、どっしりとした古いつくりの家がそうです。デンマークには築400年をゆうに超える家がたくさんあります。私が育った家は豪華なつくりではありませんでしたが、お金をかけない、シンプルな方法で、両親がつねに「心地よさ」を感じられる空間づくりをしてくれていました。

最後にもう1つ、大切なことを。

居心地のよさを追求はしても、決して「完璧主義」に走らないようにしましょう。デンマーク人はデザインや空間へのこだわりが強いことで知られていますが、その中核にあるのは、**自分が好きなものを少量だけ選びぬき、それを大切にする姿勢――すなわち、量よりも質が大切**なのです。

多くを求めすぎず、今あるもので満足すること。「ヒュッゲ」のある家とは、あたたかくて居心地がよくて人が集まりやすくて、何より持ち主の個性があらわれている場所です。

「好きなものに
囲まれた空間をつくること」

「ヒュッゲ」してみよう❶　インテリア

心地いい空間づくりにおいて、インテリアに気合いを入れすぎないことが重要です。自分らしさが出ていて、ゆったりくつろげる雰囲気があればよいのですから、自然体のほうがうまくいきます。

頭で考えようとせず、直感を信じ、心の声に耳をかたむけましょう。今ある持ち物を見渡して、「どこか変えたいところはないだろうか？」と問いかけてみるのです。

最新のトレンドや、こんなデザインを選んだら人からどう思われるかなどは、気にしなくてかまいません。**常識と照らし合わせると一見、しっくりこないような感じがしても、自分の感覚を信じてください。**

どうしても迷うときは、次に挙げるおすすめポイントを念頭に置きながら取り組んでみましょう。

◎「肌触り」のよいものを選ぶ

ニットやフリース素材の膝かけ、ふわふわのクッション、毛足の長いラグなど、やわらかくて肌触りのよいものをあちこちに置きましょう。どこにいても、どんな姿勢でいても、肌に「心地いい」感触が得られるようにすること。

◎照明は「暖色」を

照明もとても大切な要素です。心を癒やし、落ち着かせてくれるような照明を選びます。頭上に蛍光灯の光が白く煌々《こうこう》と輝いているのと、テーブルの上のランプがあたたかみのある黄色い光を放つのとでは、雲泥の差があります。ぜひ、くつろぎを感じられる照明を選んでください。

頭上に明かりが欲しい場合は、ろうそくの灯を模した照明器具がおすすめです。自然の光に似た、あたたかみのある照明を選ぶという発想です。もちろん、本物の暖炉やろうそくがあるなら、ぜひそれを使ってください。単なる装飾品ではなく、くつろぎの空間を演出するという重要な役割を果たしてくれるでしょう。

◎「アウトドア」を室内に持ち込む

人間も動物の一種である以上、本能的に自然に惹《ひ》かれるものです。その本能にしたがい、外の自然＝アウトドアを室内に持ち込んでみてはいかがでしょう？

たとえば、屋内に植物を置いてみる。酸素をつくって空気を浄化してくれるうえに、精神的にもハッピーな気持ちになれて、よいことずくめです。

小さな鉢植えであれば、近所のお店で数百円から手に入れることができます。植物に囲まれた生活は、どんな家庭にも平和で穏やかな雰囲気をもたらすもの。プランターを天井から吊《つ》り下げてみたり、オリジナルのテラリウム（ガラス容器の中につくった植栽・寄せ植え）を置いてみたりするのもよいでしょう。

さらに、**鉱物、木、石、革など、自然素材でできたものを飾るのも効果的**です。古い木製の家具やアンティークの金属製ろうそく立て、石の置物などに手を加えて再利用するのも素敵です。とにかく、屋内にいるときも自然を感じられる環境をつくればOKです。

◎ペット

自然界との接点は、植物だけではありません。ペットもまた、心を癒やしてくれる存在です。膝の上に乗って眠る猫、足元にうずくまる犬、あるいは水槽の中で泳ぐ魚――これほど平和で心安らぐ光景があるでしょうか。

◎色の選び方

壁などの内装、部屋に飾る絵の色なども、やはり暖色がおすすめです。色には冷たい色とあたたかい色があり、どちらを選ぶかによって部屋のエネルギー量が変わってくるのです。興味のある方は、色彩心理学や、色が心身にもたらす影響について調べてみてください。

◎ソファの選び方

ソファは、魅惑的なものであるべきです。思わず引き寄せられて、その上で丸くなったり寝そべったりして、好きな本を読みふけられるような。

直線的で硬い感じのするものより、丸みを帯びたデザインのものを選びましょう。そして必ず、買う前に実際に寝そべってみること! 新しいソファを買って帰ってみたら岩のように硬かった、なんて泣くに泣けません(私はやってしまいました……)。

◎意外性を楽しむこと

「心地いい家」とひとことで言っても、その内容はさまざま。何にどの程度こだわるかはもちろんあなた次第ですが、できれば意外性のある組み合わせにもチャレンジしてみましょう。たとえば、パイル地のラグの上に厚手のベルベットの布とフェイクファーのラグを置いてみる、など。素材の異なるもの、クラシックなものとモダンなものとを組み合わせて、そのミスマッチを楽しんでみるのです。

◎自分を表現しよう

自分の気まぐれな一面やいっぷう変わった趣味があれば、包み隠さず表現してしまいましょう。たとえば蚤《のみ》の市《いち》でつい買ってしまった変な彫像……あなた自身が気に入っているなら、訪れる人みんなの目にとまるよう、入口のところに飾ってみませんか。それから、あの変てこりんな映画のポスターは、トイレの壁に。

何より重要なのは、あなたがお気に入りのものに囲まれていることです。ここはあなたの場所なのですから。大好きな古本のコレクションや家族の写真なども、毎日目にする場所に飾っておきましょう。

「ヒュッゲ」してみよう❷　おもてなし

ヒュッゲを知る前の私は、「おもてなし」について深く考えたことはありませんでした。ゲストには、飲み物とくつろげる場所さえあればそれでじゅうぶんだと思っていたのです。

でも本当は、さらに上を行くおもてなしがありました。あなたが今度誰かを招待するときには、次のようなことを念頭に置くといいと思います。

□ゲストが到着したら、小腹が空いていないか、飲み物は何がよいかを聞く。そのさりげない声かけが、ゲストに対するあなたの気遣いとあたたかさをあらわしてくれます。親切に、オープンに、そしておおらかに。

□人を招くからと言って、家中をちりひとつなく磨き上げる必要はありません。家が完璧に片づいていないと人を呼べないと言う人がいますが、そこまで堅苦しく考えなくてもよいのです。

□テーブルの中央には何か植物を、そして、その周りにはろうそくを何本か置くと様になります。

□あたたかみを感じられるおもてなしの鍵は、シンプルであること。食べ物だって、焼き立てのクッキーと紅茶、チーズやブドウの盛り合わせとワインなど、簡単なものでじゅうぶんです。

□ゲストが手伝うと言ってくれたら、喜んで甘えましょう。おたがいに協力しながら何かをするというのは、和気あいあいとした雰囲気をつくります。チームワークを発揮し、みんなが参加して何かをするのは、ある意味最高のおもてなし。ポットラック（持ち寄り）パーティもうってつけのスタイルです。

□突然誰かが訪ねてきてもあわてることがないよう、ワインを何本かと軽いおつまみ類は常備しておくといいでしょう。

□座る場所は、たがいに離れすぎてしまわないように配置しましょう。狭いスペースに肩を寄せ合うように座るほうが、あたたかみのある雰囲気をつくり出すことができます。

□ろうそくの灯は、即座にくつろいだ雰囲気を演出してくれます。

□ゆったりと、おおらかに、心を解きほぐして過ごしましょう。その場の雰囲気によっては、会話がなくてもよいのです。あれこれ心配せずに、時間の流れに身をまかせましょう。深い話をするのも素敵です。その場の空気を楽しみ、のんびりと過ごしてください。

人が突然訪ねて来たときに片づけるコツ

突然の来客に、あわてて家を片づけ、どうにか体裁を繕ったなんてこと、ありませんか？　私の場合はしょっちゅうでした。

けれども、いつでも人を呼べる家にしたいからと言って、つねに完璧にきれいにしておこうとすれば、自分自身が疲れ切ってしまうだけ。

すばやく効率的に家を片づける方法は、ゲストが実際に足を踏み入れる場所だけを集中的に掃除することです。ゲストが入らない部屋は、扉を閉めてしまいましょう！

気楽に人を呼べるようになるには、次の6つの簡単なステップが役立ちます。

ステップ1　完璧を求めないこと。ストレスのもとです。

ステップ2　床に掃除機をかけるか、掃き掃除をする。

ステップ3　テーブルの上をふく。

ステップ4　その場にそぐわない、余計なものは片づける。

ステップ5　グラス類と鏡をきれいに磨く。

ステップ6　ろうそくを灯《とも》す！　家の中のいやな臭いを消し、あたたかい色の光が居心地のよい、くつろいだ雰囲気を演出してくれます。

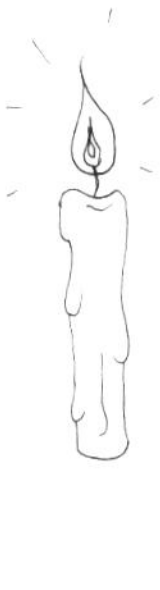

「ヒュッゲ」してみよう❸　家事

家事が好きという人はあまり多くないでしょう。もちろんトイレ掃除が大好きという人もたまにはいるでしょうが、それ以外の大多数の人は、家事を楽しむ工夫が必要だと思います。私のおすすめの方法をいくつかご紹介します。

□音楽に合わせて歌ったり踊ったりしながら家事をやる。ぐっと楽しめるようになります。
□朝、起きたら最初にベッドメイキングをする。1日をシャキッとスタートさせることができます。
□窓をあけて新鮮な空気を入れる。
□実際に家事にどのぐらいの時間がかかっているのか、計ってみる。思っているほど長時間ではないことに、驚くはずです。
□家事をする瞬間を意識して、やっていることに集中する。手触りや匂い、動きを意識する。

□家事をゲームとして楽しむ。終わったあとの自分へのごほうびも忘れずに。

□休憩時間をつくる。

□誰かに手伝ってもらう。心地いい空間はみんなのもの。できれば他の家族にも協力してもらいましょう。

□家を片づけて、シンプルな状態にする。必要なくなった余分なものは処分しましょう。

「ヒュッゲ」してみよう❹　職場

仕事とヒュッゲは基本的には相反するものですが、職場にも「ひとつまみの心地よさ」を取り入れるチャンスはあります。
「心地いい」職場――それはたとえば、人当たりのよさや信頼関係、チームワークを重んじ、フラットな組織構造を持つ環境、などではないでしょうか。

オフィスの、パーティションで仕切られたスペースで1日8時間働く、という人も多いでしょう。**長時間を過ごすこの空間に、自分がほっとできるモチーフを置くことは、非常に理にかなっています。**より幸せな落ち着いた気持ちで仕事をし、集中力と効率を高めることができるのですから。

私が自分の職場に持ち込んでいるのは、座り心地のよい椅子、暖色の照明、ギター、植物、そして自然界にインスピレーションを得てつくられた木製のアート作品。リラックスしながら仕事ができるだけでなく、「入って行きやすいオフィスだ」と、しょっちゅうお褒めの言葉をもらいます。

「心地いい」空間づくりでご紹介したポイントを念頭に置きながら、職場を少しでも過ごしやすく変える工夫をしてみましょう。

◎照明

卓上にあたたかみのある色のライトを置くか、電球を暖色に替える。

◎私物

自分自身をよくあらわしているもの、自分が好きなものを飾る。とくに家族の写真は、家庭的な雰囲気が出ておすすめです。

◎インスパイアされる言葉をかかげる

自分のモチベーションが上がる言葉を、個人スペースに飾っておく。

◎ユーモアのある文具を置く

おもしろくてクリエイティブなオフィス用品を選ぶ。

◎色を導入する

自分のスペースに、好きな色のモノを置く。

◎植物

植物は、集中力、記憶力、生産能力を高めてくれるというデータがあります。また、気持ちをリラックスさせてくれる効果もあります。

◎居心地のよい家具

自分に合ったくつろげる家具、とりわけ椅子は、あなたのスペースをより魅力的にしてくれます。

◎アート作品

落ち着けるもの、楽しい気分になれるものを選びましょう。

◎膝かけやクッション類

スペース的に許されるのであれば、膝かけやクッションを持ち込むと、より一層落ち着く空間をつくることができます。

「ヒュッゲ」してみよう 5 服装

基本的には、着心地がよく、くつろぎを感じられる服装なら何でもかまいません。チェック柄の小物やダボッとしたウールのセーター、レギンス、マフラー、ニット帽、フランネルのシャツ、モコモコの靴下、履きやすい冬用のブーツなど。それから、ふかふかのスリッパもお忘れなく！

服装はどちらかと言えばカジュアルなほうがよいと思います。けれども、どんな服を着るか、思い悩む必要はありません。人生はファッションショーではないのですから。

本当に楽しい時間を過ごしているときに、何を着ているか気にする人はいません。**「おしゃれをしなければ」と思うことは、自分を「何かに見せかけなければ」と思うことと同じです。**

見せかけの自分になるのはやめましょう。そんなことをしていてはくつろげないし、くつろげなければそれは心地がいいとは言えないのですから。

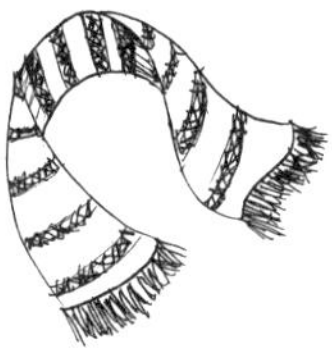

「ヒュッゲ」してみよう❻ 音楽

音楽もまた、「ヒュッゲ」を形づくる大事な要素のひとつ。激しさや騒々しさを感じさせる音楽ではなく、心を癒やし、気持ちを落ち着かせてくれるものなら何でも当てはまります。そのような音楽はときにメランコリックに感じられることもありますが、ほとんどの場合、あなたを心地いい別世界に連れて行ってくれるでしょう。

ジャンルとしてはクラシックなどもよいと思いますが、私の個人的なおすすめを挙げるなら、レイ・ラモンターニュ、ボン・イヴェール、マリー（Mree）、ジェイムス・モリソン、ダミアン・ライスなど。あるいはインディーズ系が好みならラナ・デル・レイなどもよいでしょう（ノスタルジックな気分をかき立ててくれる、１９５０年代から１９９０年代のヒット曲をかけるのが大好きです）。

「ヒュッゲ」してみよう 7 香り

香りが人におよぼす影響力は見過ごされがちですが、香りと記憶が強い相関関係にあることは、科学的にも立証されています。過去にかいだ匂いをかぐと、長い間忘れていた時間や場所の記憶が鮮やかによみがえると言います。

私に「ヒュッゲ」をもたらすのは、たとえば手づくりのシナモンバンズ、バニラ、カボチャの匂いです。

だからと言って、毎日欠かさず自家製バンズを焼くわけにもいきません。そこで、アロマキャンドルの登場です。焼き立てのクッキー、マツの木、薪《まき》が燃える匂いなどに似た香りのキャンドルを灯して楽しんでいます。

アロマテラピーのお店で、エッセンシャルオイルのディフューザーを手に入れるのもよいでしょう。オイルは何百種類もありますから、自分が気に入った、自分だけの香りを見つけてみてください。

もう少し斬新なものに興味があるなら、ナグチャンパ香（インド発祥のお香）

のアロマスティックなどが定番です。もっと簡単なのは、松ぼっくりをいくつか器に入れ、テーブルに置いておくだけ。冬の間中ほのかな香りが楽しめます。

デンマークでは、ポマンダーというものを手づくりします――オレンジの外皮にクローブを差し込んで、柑橘《かんきつ》系とスパイシー系のアロマを引き出したものです。19世紀の昔には、さまざまな悪臭をまぎらわすのに用いられていました。ぜひ試してみてください！

［ポマンダー］

■材料

クローブ、オレンジ

■手順

クローブの尖《とが》ったほうをオレンジの外皮の好きなところに刺していく。ボウル状の器に入れれば出来上がり！　素敵な香りが立ち上ってきます。好みでリボンや紐《ひも》を巻きつけて、壁などに吊るしてもよい。

「ヒュッゲ」してみよう 8 飲み物

お茶とコーヒーはどちらも気分をやわらげてくれる飲み物ですが、飲む理由や目的は少し異なります。お茶は心や体や頭を鎮めてくれるもの。午後の休憩時間や寝る前に飲まれているのもそのためです。かたやコーヒーは、カフェインの即効性で1日を乗り切るエネルギーをチャージしてくれる、スピードアップのためのもの（私も、前の晩遅くまで起きていて翌朝早起きしなければならないときなどは、朝にコーヒーを飲んで心身をシャキッとさせています）。

お茶もコーヒーも、それぞれの役割において「ヒュッゲ」にふさわしいと言えます。コーヒーショップで熱いラテを手にまったりと過ごすのは、寝る前にハーブティーを飲むのと同じぐらいくつろげるものですから。

お茶にしてもコーヒーにしても、簡単にいれる方法を覚えておけば、より気軽に楽しめるようになります。自分の趣味に合ったポットやマグカップを用意しましょう。お茶もコーヒーも質のよいものを奮発し、茶葉はティーバッグではなくリーフティーを選ぶようにします。

ハーブティーを効能別に使い分けるのもよいでしょう。近くにハーブを扱っているお店がある、あるいは自分でハーブを育て乾燥させることができるなら、それをブレンドしてオリジナルのお茶をつくることができます。

以下にご紹介するのは私のお気に入りのブレンド。緊張や不安、忙しさからくるストレスに悩んでいる人にはうってつけです。少量飲めばリラックスできますし、たくさん飲めばパッションフラワーの効果で心身が沈静化されます。

［ピースフル・ドリーム・ティー］

■**材料**

カモミール、ラベンダー、シナモンスティック、パッションフラワー、ローズペタル、スペアミント

■**手順**

材料を同量ずつ合わせ、大さじ1杯分をポットに入れ、お湯を注いで15分以上抽出する。

「ヒュッゲ」してみよう 9　料理

デンマークの人たちは手づくりのものや、子どものころを思い出させてくれる懐かしいものが大好き。料理やデザート、ちょっとしたおやつに関してもそうです。受け継がれてきた歴史が長く、思いを込めてつくられるほど、それは「ヒュッゲ」なのです。

「ヒュッゲ」の精神あふれる、私が子どものころから慣れ親しんだ、大好きな料理をいくつかご紹介します。どれもシンプルですぐにつくれる、デンマークの伝統的な家庭料理。きっと気に入っていただけると思います。

「ヒュッゲ」のエッセンスを料理に取り入れるために、穏やかでおおらかな心で料理してみてください。細かい作業にも、愛と思いやりを込めるのです。

すなわち、リラックスできる音楽をかけ、お気に入りのエプロンをつけて、微《ほ》笑《え》みながら料理をつくる。その分だけ、お菓子は甘く、料理はおいしく感じられ

るはずです。出来上がったら、友人を招いて一緒に楽しみましょう！

［オッゴゥ・メ・フルーエ（Rødgrød med Fløde／フルーツのデザート）］

これは伝統的なデンマークのデザートで、1年中食べられているものです。子どものころは、これに生クリームをたっぷり添えて食べていました。私はイチゴを使ったものがいちばん好きですが、季節のベリー類なら何でも大丈夫です。

■材料（6名分）

ベリー類（イチゴ、ラズベリー、ルバーブなど）………900g
水………750㎖
砂糖………大さじ10（好みに応じて加減する）
コーンスターチ………大さじ3～4

■手順

ベリー類はよく洗い、水とともに鍋に入れて火にかける。沸騰したら火からおろし、かき混ぜながら砂糖を入れ、水（分量外）で溶いたコーンスターチを加える。再び火にかけ、沸騰したらかき混ぜ、2～3分煮詰める。器に盛り、好みに合わせて生クリームか牛乳を添えていただく。

［リス・ア・ラ・マン（Ris à L'amande／ライス・プディング）］

伝統的には夕食のコース料理のひと皿で、メインのお肉料理の前に食べられていたものです。デンマーク人は出来上がったプディングをちょっぴり取り分けて納屋に置き、妖精たちへのおすそ分けとしていました。それでほのぼのと幸せな気持ちになったのです。

現在は都会風にアレンジされて、ホイップクリーム、砂糖、アーモンドがレシピに加わり、あたたかいチェリーソースがトッピングされるようになりました。プディングの中には丸のままのアーモンドが1つだけ入っていて、それに当たると赤いリボンがついたマジパンのブタがもらえるのです！　うちの家族は、このプディングを年に一度、クリスマスイブのデザートとしてつくります。私はいつも何回かおかわりしています！

■材料（6名分）

牛乳……1ℓ

お米（日本のお米のような短粒米）……⅔カップ

バニラビーンズ……1本（1さや）

塩……小さじ½

アーモンド……¾カップ（1粒は丸のまま残し、あとは湯通しして刻む）

砂糖……大さじ2

生クリーム……500mℓ

チェリーソース……好みで

■手順

牛乳、お米、バニラビーンズを合わせて火にかける。沸騰したら弱火にし、かき混ぜながら、お米がやわらかくなり牛乳が煮詰まるまで1時間ほど煮る。塩を加えて火を止める。そのあと、しっかり冷やすこと！　アーモンドと砂糖を入れて混ぜ、生クリームを泡立ててさっくりと混ぜ入れる。

好みであたたかいチェリーソースを添えていただく。

［エイブルスキーバー（Æbleskiver）］

私の大好きなおやつ。エイブルスキーバーはふわふわのパンケーキ生地でつくられた、レモンやスパイスの風味のあるドーナツのようなお菓子です（ただし形はたこ焼きのような球状）。朝ごはんでもおやつでもいけます。食べだしたら止まらなくなるので注意！

■**材料（50〜55個分）**

小麦粉（薄力粉）……525g
ベーキングパウダー……大さじ2
牛乳……500㎖
バターミルク……500㎖
卵（卵黄と卵白に分けておく）……4個

カルダモン（好みで）……小さじ1と½
レモンの皮のすりおろし……1個分
砂糖……大さじ2
塩……小さじ1
油（または溶かしたマーガリン）……適量

■手順

小麦粉とベーキングパウダーを合わせる。牛乳とバターミルクを少しずつ加えながら泡立て器で混ぜる。途中で卵黄も加える。続いてカルダモン、すりおろしたレモンの皮、砂糖、塩を加える。別の容器で卵白を泡立て、パサパサしない程度に硬くなったら、生地にさっくり混ぜ入れる。エイブルスキーバー専用パン（日本のたこやき器に似ている）をあたためて少量の油（または溶かしたマーガリン）を塗り、生地を流し込んだら、ひっくり返しながら球状になるように焼いていく。好みに合わせて砂糖・粉砂糖・ジャムなどをかけていただく。

［パンデケーア（Pandekager／パンケーキ）］

クレープに似ていますが、クレープより甘いです。パンケーキ生地を薄く焼き、フィリング（一般的にはイチゴジャム）を載せて巻いて食べます。子どものころ、夕食にとびきりおいしいものが食べたいというときに、父がよくつくってくれました。

■**材料（12枚分）**

小麦粉（薄力粉）……**210g**
砂糖……**小さじ2**
塩……**小さじ¼**
レモンの皮のすりおろし……**½個分**
カルダモン（好みで）……**小さじ½**
牛乳……**400㎖**
ビール（または水）……**50㎖**
卵……**3個**

マーガリン（またはバター）………適量（クレープ焼き用）

■手順

小麦粉、砂糖、塩、すりおろしたレモンの皮、カルダモンを合わせる。牛乳、ビール（または水）を少しずつ加えながら泡立て器で混ぜ、なめらかな生地をつくる。別の容器で卵を泡立て、生地に加え混ぜる。フライパンを火にかけ、マーガリン（またはバター）を少量入れて溶かす。生地を流し入れて薄くのばし、キツネ色になったらひっくり返して反対側も焼く。焼けたらフライパンから取り出し、好みに合わせて砂糖・粉砂糖・ジャムなどを載せ、巻いていただく。

［ブルンケーア（Brunkager／スパイス・クッキー）］

ブルンケーアは、デンマークの伝統的なクリスマス・クッキーです。毎年クリスマスの時期になると、私ははとこがやっているデニッシュのお店でこのクッキーを買い求めます。

■材料（約100枚分）

バター（またはマーガリン）……200g
砂糖……200g
コーンシロップ……125mℓ
小麦粉（薄力粉）……420g
アーモンド（刻む）……1カップ
シナモンパウダー……大さじ1
ジンジャーパウダー……小さじ2
クローブパウダー……小さじ2
ベーキングパウダー……小さじ1
油……適量

■手順

大きめのボウルにバター（またはマーガリン）と砂糖を合わせ、なめらかになるまで混ぜる。コーンシロップを加える。別のボウルに小麦粉、アーモンド、シナモン、ジンジャー、クローブ、ベーキングパウダーを合わせておく。木べらで、小麦粉のボウルの中身をバターのボウルに少しずつ混ぜ入れ、やわらかめの生地をつくる。

生地を4等分し、平らな台に軽く小麦粉（分量外）を振ったら、転がして直径3～4㎝の棒状にする。ラップでくるんで冷蔵庫に入れ、冷やす。

生地が冷えたら取り出し2・5㎜の厚さにスライスするか、生地をワックスペーパーにはさんで麺棒でのばし、クッキーカッターで型抜きする。天板にクッキングシートを敷いて油を塗り、型抜きした生地を2㎝程度離して並べる。200度に熱したオーブンで8分、こんがりと焼き色がつくまで焼く。天板に載せたまま3分ほど置いて粗熱を取り、網に移して完全に冷ます。

［クライナー（Klejner）］

これもクリスマスの時期に登場する伝統的なドーナツのようなお菓子です。味は「おいしい」のひとことに尽きます。クライナーなしのクリスマスなんて考えられません。

■**材料（約40個分）**

卵 ……… 3個
砂糖 ……… 200g
塩 ……… 小さじ½
生クリーム ……… 大さじ4
溶かしバター ……… 125㎖
小麦粉（薄力粉） ……… 450g
ベーキングパウダー ……… 小さじ1
カルダモンパウダー ……… 小さじ1
ショートニング ……… 750㎖

■**手順**

卵と砂糖と塩を合わせてよく泡立て、生クリームと溶かしバターを加えたら、小麦粉を少しずつ混ぜ入れる。ベーキングパウダーとカルダモンパウダーも混ぜ合わせ、クッキー生地程度の硬さになったら、生地を麺棒で

のばし、カードサイズのひし形にカットして、真ん中にタテに切り込みを入れる。ひし形の片方の端を切り込みにくぐらせ、ねじった形にする。

鍋にショートニングを熱して生地を入れ、料理用フォークか金属製のトングでひっくり返しながら、薄く色づくまで揚げる。一度に揚げる個数は6〜8個程度にしておくとよい。揚がったら、清潔な紙かキッチンペーパーに取り出して冷ます。

［ユール・グロッグ（Jule Gløgg）］

グロッグはホットワインの北欧版とでも言うべきもので、寒い冬の夜にはぴったりの、たいへんおいしい飲み物です。若いころはあまり好きではありませんでしたが、今では子どものころのあたたかな時間を思い出させてくれる、懐かしい飲み物です。エイブルスキーバーと一緒にいただくのが私のおすすめ。たまりません！

■材料

レーズン……280g

赤ワイン（辛口）……2ℓ

リンゴジュース……2ℓ

水……1ℓ

オレンジジュース……大さじ4

グロッグ・ミックス……1本

（※手に入らない場合は、クローブ（ホール）8個、カルダモン（ホール）3個、シナモンスティック5㎝で代用する）

アーモンドスライス……¾カップ

■手順

レーズンを少量の赤ワイン（分量外）にひたしてひと晩おき、風味を抽出する。液体類をすべて鍋に入れて弱火にかけ、レーズンとグロッグ・ミックスを加える。飲む直前にアーモンドスライスを入れる。

「ヒュッゲ」してみよう⑩ 睡眠

たらふく食べておなかがいっぱいになれば、当然眠くなります！

やわらかいパジャマを着て、毛布にくるまって眠る以上のくつろぎと幸せがあるでしょうか？

眠りにつくまでの時間を楽しむ方法をいくつかご紹介します。

□枕元に暖色の間接照明をつけるか、ワット数の低いスタンドを置く。
□熱いお風呂に入るかシャワーを浴びる。湯船にラベンダーのエッセンシャルオイルを数滴たらすのがおすすめ。
□冬にはフランネルの、夏には涼しげなコットンのパジャマを身に着ける。
□やわらかいマットレスに、洗い立ての清潔なシーツを敷く。リネン類の肌触りにはこだわる価値があります。
□枕や毛布はやわらかい素材のものを選ぶ。

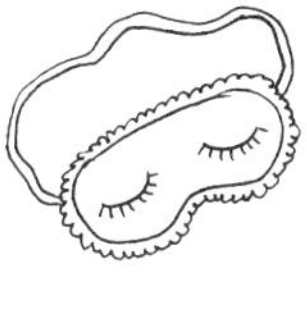

□ふわふわの膝かけをベッド脇に置く。
□お気に入りの香りのスプレーやろうそくを使う。ラベンダーの香りはリラックスするのに適しています。
□カフェインレスのあたたかいハーブティーを飲む。
□本を読む。フィクションのほうが脳が刺激を受けにくく、向いています。
□ふわふわのペットと一緒に寝る――ベッドに入るのを許していればですが！
□自分だけのオリジナル・ドリームピローをつくって、枕元に置く。ドリームピローは16世紀のヨーロッパから伝わるアロマテラピーの一種で、悪夢や寝苦しさを避けてぐっすり眠るために用いられたものです。

「ドリームピロー」

■材料

ホップ、バラ、カモミール、ラベンダー（いずれも乾燥タイプ）を同量ずつ合わせたもの……½カップ

コットンの布（洗って乾かしたもの）……13cm×30cm

針と糸
コットンの中綿またはファイバーフィル

■手順

布は2つ折りにし、一辺をあけて残りを縫い合わせる。布を裏返したら、底のほう半分に中綿を詰め、残り半分にハーブを詰めて、あけておいた一辺を縫い合わせる。

これを枕カバーの中に入れて、完成。よい夢を！

「ヒュッゲ」してみよう 11 目覚め

ぐっすりと眠ったら、翌朝の目覚めもまた充実させましょう。朝の時間はとかく同じことの繰り返しで退屈になりがちですが、今を楽しむ「ヒュッゲ」の考え方を念頭に置けば工夫の余地はたくさんあります。

□今までより30分早く起きる。朝の支度をペースダウンしてゆったりと1日をスタートさせることで、心に余裕が生まれ、ストレスが軽減されます。

□ゆっくりとヨガやストレッチを行う。朝は筋肉もこわばっているため、体をやわらかくほぐすことですっきりします。YouTubeなどで紹介されているポーズを試してみてください。

□ふかふかのスリッパを履く。

□元気になれる音楽、自分が目覚めやすい音楽をかける。Apple Music、Spotifyなどのプレイリストをチェックしてみましょう。オリジナルのプレイリストをつくるのも素敵！

□ぬるま湯にレモンスライスを何切れか入れたものをコップ1杯飲んで、胃腸を動かす。

□朝食は必ずとりましょう。体はエネルギーを必要としています。その際、熱いお茶を1杯飲むのも忘れずに。

□携帯電話などの電子機器を手元から遠ざけ、気を散らすもののない、静かな時間をつくる。

「ヒュッゲ」してみよう⑫　エクササイズ

ヒュッゲはくつろぐためのものですが、だからと言ってアクティブな面がないということではありません。

むしろ、逆です――活動的なライフスタイルこそ、健康でハッピーでいるために欠かせないもの。エクササイズは体に活力をもたらし、免疫機能を活性化させ、体重増加を防いで睡眠の質を上げてくれます。

それだけでなく、心や感情の面でもストレスや不安を軽減し、気分を上げて自信を取り戻し、気持ちをシャキッとさせてクリエイティブな方向に導いてくれる。

これ以上の「ヒュッゲ」があるでしょうか？

どのぐらい運動すればよいかは諸説ありますが、一般的には1日最低30分は運動するべきだと言われています。

私自身は運動がまったく好きではありません。エクササイズを心から楽しんでいない自分に罪悪感を抱くこともしょっちゅう。でも、自分なりに続けられる方法を探し出し、実行しています。実際、やってみると楽しさが分かってくるものです！

◎ヨガ

ヨガの中でも、とくに「陰ヨガ」を試してみてください。陰ヨガとは、ゆったりとしたペースで行うタイプのヨガで、1つのポーズを5分以上キープするものです。

体をゆっくりと一方向にかたむけながら行い、静かな音楽やアロマキャンドル、エッセンシャルオイルの香りなどと組み合わせると、とてもリラックスできます。

もちろん、実際には陰ヨガに限らず、どんなヨガでも心と体を大きく変えてくれます。

◎ウォーキング

自然の中を歩くのもまた、最高のエクササイズ。デンマーク人は長い時間歩くのが大好き。どんな天気の日もウォーキング日和ですが、天気に合った服装を心がけてください。

雨が降っていれば傘をさすか、レインブーツとレインコートを身に着けること。公園や、海沿いの道をぶらぶらしてみましょう。夜の散歩も、とくにあたたかい夏の夜などはロマンチックで素敵なものです。散歩から帰ったら、ろうそくの明かりのそばでホットチョコレートを飲み、1日を締めくくりましょう。

◎自転車に乗ろう

自転車は、デンマークでは一般的な移動手段です。コペンハーゲンに行くと、今まで見たこともないほどの数の自転車が道路沿いに止められているのに驚かされます。私が住むバンクーバーでも、通勤に自転車を利用している人がたくさんいます。

自転車を使うことは環境にやさしいだけでなく、シェイプアップ効果も抜群です。何の予定もない爽やかな夏の1日、友人を誘って出かけるサイクリングは、心穏やかにリラックスできる最高のエクササイズになるでしょう。お弁当を持って自転車に乗り、公園でピクニックを楽しむのも素敵です。

◎パートナーとダンス

愛する人とじっくり時間を過ごすことほど、くつろげるものはありません。私は最近、恋人と一緒にリンディーホップ（1930年代後半から1940年代はじめにかけて流行《はや》ったスウィングジャズの流れをくむダンス）のレッスンに行きました。広間で踊るタイプのダンスは、エクササイズという意味でも、パートナーと触れ合って過ごすという意味でも、すばらしいものです。

◎ハイキングに出かける

山でのハイキングは、体を鍛えながら美しい風景も楽しめる、よいことずくめのエクササイズ。山登りは心肺機能を高め、筋力がつき、さらに憂うつな気分をやわらげて、眠りを深くしてくれます。

専門家によると、週に2時間半以上のハイキングをすることで、効果を実感できるとのこと。気の合う仲間を誘い、おいしいおやつを持って、理想的なヒュッゲ体験をしに出かけてみましょう！

◎走る

私自身はラン派ではありません。でも走っている友人はみな「走ることで頭がすっきりする」と言います。走ることに喜びを感じられる人なら、これはすばらしい運動方法だと言えます。

◎屋外で過ごす

外で過ごす時間を増やしましょう。ジムに行ってトレッドミルで走ることが習慣になっている人も多いと思いますが、屋外に出て深呼吸する時間をつくるだけで、自然が持つエネルギーの息吹を感じることができるのです。

ガーデニングが自分のリラックス方法だという人もいるでしょう。じつは、芝を刈ったり花を植えたりするのは、かなりのカロリーを消費するのです。野菜やハーブを植えれば、運動とリラックスに加えて栄養面のメリットを享受することだってできます。

どんなエクササイズ方法を選ぶにしても、大切なのはそれを楽しみ、その瞬間を意識し、小さなことへの気づきを繰り返すこと。もっともささやかな体験が、もっとも貴重な記憶として残ることだってあるのですから。

「ヒュッゲ」してみよう⓭　人づきあい

心地いい人間関係とは、誠実な心持ちで自分以外の誰かとつながり、たがいに敬意を抱き、共感し、広い心で接することです。友人、家族、パートナーといった、大切な人と、ともに時間を過ごすことです。

とりわけ、外が寒く暗くなる冬の季節は、屋内に閉じ込もりたくなりがち。それを逆手にとって、忙しくてなかなか一緒に過ごす機会がなかった大切な人たちと再びつながる絶好のチャンスととらえることこそが、ヒュッゲの精神です。

あなたがお客様を招くタイプではなくても、一度試しに誰かを家に呼んでみませんか？　前にも書いたとおり、きっちり計画を立てて完璧を目指す必要はありません。手の込んだごちそうをつくったり、床やキッチンカウンターをピカピカに磨き上げたりする必要もないのです。

それよりも、あなたの家が、人と人が親密につながれる、くつろぎの場所になることが大切です。ゆっくりと会話を楽しみながら、ゲストとともに、かけがえのない空間をつくってください。

1つ注意してほしいのは、電子機器をオフにし、目の前にいる人との「今」を大事にすること！

私たちはソーシャルメディアと絶えずつながっていることで、満たされるわけではありません。本当の充実感は、目の前にある時間をじっくりと過ごすことにあるのです。

家以外の場所で集まる場合、おなじみの場所というのも気楽でよいですが、たまには新しいことに挑戦して、新しい思い出をつくってみてはいかがでしょう。

たとえば、発想を180度切り替え、待ち合わせをいつものコーヒーショップではなくて、数百種類のフレーバーがそろえてあるアイスクリーム屋さんにしてみる、とか。

人に会うのは気後れする、疲れてしまうという人は、少人数で会うという選択肢もあります。

服を着替え、家から出て誰かと時間を過ごすのが億劫《おっくう》に感じられることもあるかもしれません。でもそんなふうに時間をつくって、長らくご無沙汰だった人と実際に会ってみれば、あとで新鮮な充実感とバランス感覚、幸福感を得られるはずです。

「ヒュッゲ」してみよう 14 贈りもの

人に贈りものをするのはなかなか難しいことですよね。とくに相手が何でも持っている人だったりすると、何をあげたらよいのか途方に暮れてしまいます。

でも、そんなときは「つつましさとシンプルさ」を念頭に選べば大丈夫です。心から相手を思い、手づくりなどにすれば、お金もそんなにかかりません。

誰かにプレゼントをする際には「とにかく何かを買わなければ」という気持ちで選ばないようにしましょう。そんなふうに手に入れたプレゼントは、あげる側にとってももらう側にとっても、あまり楽しいものではありません。

代わりに、あなた自身の創造力を発揮して、きらりとした個性が感じられるようなものを選んでみてください。可能性が無限にあることに気づくはずです！

◎時間のプレゼント

ＴｏＤｏリストをこなすのに精いっぱいで、愛する人と時間を過ごすことがあと回しになってしまうこと、誰にでもあると思います。

そんなとき、友人のために時間を割いて夕食をつくってあげたり、友人夫婦がデートに出かけられるようにベビーシッターを買って出たりしてみてはどうでしょう？　おばあさんの家の荒れていた庭の雑草取りを手伝ったり、カメラ、フィナンシャルプランニング、ヘアアレンジなどの特技を発揮したりしても喜ばれるはずです。

◎体験のプレゼント

何でも持っている人へのプレゼントに悩んだときには、新しい「体験」を贈るというのはどうでしょう。コンサート、スポーツ観戦、観劇などは、いつだってワクワクするもの。週末のスキー旅行やスパ・リゾートをプレゼントするのもよいと思います。

体験は、かならずしもぜいたくなものでなくてよいのです。地元の博物館の入場チケットや、お気に入りのレストランでの2人分の食事など。あるいは、陶芸やギターなど、新しいことのレッスンのプレゼントというのもあります。それがきっかけとなって、相手が新たな趣味を見つけることだってあるかもしれません。

◎寄付

相手が関心を持っている対象に、その人の名前で寄付をすることもできます。たとえば動物好きな人だったら動物虐待防止協会に、アート好きなら地元の映画祭に、人道主義の人だったら国際赤十字に寄付をする、といった具合です。

◎DIY

目に見えるものを贈りたいなら、手づくりの品はいかがでしょう。Pinterestなど、テーマ別の写真を共有できるウェブサイトで探せば、オリジナルのシュガースクラブからテラリウム、自分で絵を描いたマグカップ、手づくり本棚など、目移りするほどいろいろなものがアップされています。

それらを参考にしながら、手づくりキャンドルなどを選べば、とても簡単につくれて、かつ心のこもったプレゼントになります！

◎センチメンタル・ギフト

ご先祖から伝えられた品や形見の品は、家族の中でそれを喜んでくれる人にとってはこの上ない贈りものとなります。

「ひいひいおばあさんから受け継いだジュエリー、あの子だったら喜んで受け取ってくれるのではないかしら」「1900年代はじめから我が家に伝わるレコードプレーヤー、彼だったら気に入ると思う」という具合に。

センチメンタル・ギフトは受け取る人の特別な思い出と結びつく、特別な贈りものにもなり得ます。たとえば一緒に行った旅行の写真を収めたフォトフレームなどでもよいでしょう。2人の共通の思い出にかかわるものなら何でもかまいません。

◎ラッピング

もっとも代表的な「ヒュッゲ」のラッピング方法は、プレゼントを昔ながらの褐色の包装紙でくるみ、紐で巻いて、常緑樹の小枝やドライフラワーなど自然のものをちょこっと添えるというもの。デンマークにいる叔母たちは、いつもこのようにして私にプレゼントを贈ってくれました。

わざわざ包装紙を買う必要はないのです。特別感を出したい場合は、紙に自分で絵を描いて、あなたのオリジナルの包装紙として利用しましょう。

◎カード

市販のメッセージカードに5ドルも10ドルも使うぐらいなら、自分でつくってしまいましょう。自分で絵を描いたりデザインをしたりしてもよいし、何かを切り抜いて貼ってもよいのです。そのとき、心のこもったメッセージをひとこと添えることだけ忘れずに。

手づくりカードが難しければ、手紙を書いたり、相手が配偶者や子どもなど今後も記念日を祝い続けていく人であれば、記念日ごとにメッセージを書き込む「カード帳（journal card）」をつくるのもよいアイデアだと思います。

毎年、誕生日や記念日、クリスマスがめぐってくるたびに新しいカードを買い、もらったほうは読んだあとそのうちどこかにやってしまう……これをやめてカード帳にすれば、記念日ごとにあなたのメッセージや絵を描き足しながら、相手に持っていてもらうことができます。

この方法は経済的なだけでなく、折にふれてページをめくりながらそのときのことを思い起こしたり、感慨にふけったりすることができるのでおすすめです。

「ヒュッゲ」に秘められた無限の可能性

このPARTの最後に、暮らしに心地よさとあたたかさを取り入れる「ヒュッゲ」のヒントを、もう少しだけご紹介しましょう。

これらはいずれも、古風でシンプルで、喜びをもたらしてくれるもの。ささやかな物事に楽しみを見出《みいだ》して日々を送るうちに、じつはそれらが大きなこと、重要なことでもあったということに気づくはずです。

□家の外でくつろげる場所を開拓してみる。街、公園、パブ、コーヒーショップなど。
□ろうそくの灯を囲んだ、こぢんまりとした食事会を友人とひらく。
□バスタブにお湯を張り、なめらかな入浴剤を入れてあたたまる。アロマキャンドルやリラックスできる音楽をおともに。
□自分でパンを焼く。パンが焼ける香りをじゅうぶん吸い込んで！

□家族と一緒に映画を観《み》る。

□クリスマスに、家族と一緒に飾りつけをする。デンマークの伝統的なモビールなど、オリジナルの飾りをつくったり、ユール・グロッグを飲んだり、甘いお菓子を食べたりする。

□日の出、日の入りを眺める。

□家の中にカレンダーを吊す。

□雪が降った日は、毛布にぬくぬくとくるまる。

□自然の多い場所に行って、ベリーを摘んだりナッツを収穫したりする。

□親しい相手と一緒に公園でピクニックを楽しむ。

□興味のある本を読む。電子書籍ではなく、紙の本を選ぼう。

□暖炉のそばでくつろぐ。

□子どもが寝る前に本を読み聞かせる。

□アフタヌーンティーに出かける。

□居心地のよいカフェで1杯のコーヒーを楽しむ。

□コンサートに行く。

□フィルム・カメラで写真を撮る。

□雪の夜、外を散歩する。
□毛布を重ねて要塞をつくり上げる。
□犬の散歩をする。
□陶芸や手芸など目立たない習い事を、友人を誘って新しくはじめる。
□シーツはフランネルのものを！
□電気の代わりにろうそくを灯す。
□自分がハッピーな気持ちになれることをリストアップする。
□電子機器をオフにする。
□ボードゲームやカードゲームをして遊ぶ。
□歌う。デンマークでは歌うことはとてもリラックスできることとされている。
□子どもと一緒に居心地のよいレストランに行く。
□編み物、縫い物を習得する。
□手づくりの招待状やグリーティングカードをつくる。
□手書きの手紙をしたためて、送る。
□日記をつける。
□写真を現像して、フォトアルバムをつくる。

□読書クラブを結成する。
□親友に、日常の用事につき合ってもらう。
□仲間とコテージを借りる。
□凧《たこ》揚げをする。
□夏の夜、夕焼けを眺めながらのピクニックを友人と計画する。
□動物シェルターや老犬の施設でボランティアをする。
□グラス1杯のワインを楽しむ。
□庭仕事をする。
□新鮮な花でドライフラワーをつくる。
□野の花を摘み、家に持ち帰って花瓶に生ける。

毎日の暮らしに心地いい瞬間を増やしていくことで、あなたの生活の中の喜びも増えていきます。

もうお分かりのように、ヒュッゲは暮らしのほぼすべての場面に取り入れることが可能です――家でも、運動するときも、人とのつき合い方においても。

◉他につけ足したい行動はありますか？　思いつくものを書いてみてください。

PART4

どうして「ヒュッゲ」すると幸せになれるの？

ヒュッゲが教えてくれた「幸せ」のありか

このPARTでは、ヒュッゲがいかに私たちに幸福をもたらしてくれるものかについて、お伝えしていきます。

何に幸せを感じるかは人それぞれ異なりますが、より充実した人生を送るためには、一定の要素があるのではないでしょうか。

たとえば「大切だと思うことに集中する」というのもそのひとつです。

よりシンプルに、今という時間に集中して過ごすことで、自分は何者であるか、何をしたいのかというテーマがはっきりと見えてきます。人は目標を見つけることによってより幸せを感じ、人との結びつきも強めることができるのです。

私たちは何のために「忙しい生活」を続けるのか？

科学技術の発達した現代社会では、すべてがかってないほどのスピード感で進んでいます。Wi-Fiや電波によってつねに社会とつながり、メールやSNSをチェックすることができるようになりました。

そう、すべてを指先の動きひとつで行うことができてしまう――地球の反対側からメールを送ることも、映画を即座にダウンロードすることも、お金を振り込むことも、自分好みの音楽チャンネルを取り込むことも、あるいは、趣味を同じくする相手とデートの約束をすることも。

皮肉なことに、世の中が便利になり、かつてなかったほどおたがいにつながるようになった現代において、私たちはかえって四六時中気が散り、自分自身を見失ってしまうようになりました。

あふれかえる情報の波を泳ぎ切ろうともがいているうちに、立ち止まって自分を見つめなおす余裕を失ってしまったのです。時間は目の前をどんどん通り過ぎ

ていき、自分らしさを失《な》くしていくことに悩みながらも、たいていの人はどうすることもできません。

都会に住めば、つねにあちらからこちらへと忙しく動き回る生活。食事をかき込み、電車に飛び乗り、やらねばならないことを懸命にこなしている。

それは走り続けなければ脱落してしまう生存競争です。走り続けてお金を稼ぎ、そのお金でモノを買い、月々の支払いをすませ、自分の生活水準を維持するためにさらに走り続けるという繰り返しです。

こんな生活を続けていれば、誰だって重圧で押しつぶされそうになってしまいます。追われるように走り続ける消費行動は、長続きするものではありません。時間とともに疲れ果て、何かが足りないと感じるようになっていくからです。

またこのような生活は、私たちの中にある本当のクリエイティビティややる気をそいでしまいます。外から見える行動や経験、所有物によってのみ自分と他人が比較される競争社会は、内面の誠実さや品位を評価してくれません。何気ないシンプルなことを楽しむ——たとえば料理をする、家の掃除をする、ハーブを育てる、誰かを家に招くといったことは、面倒で時間の無駄になるとして排除されがちです。

でも、ときには立ち止まり、何もない平和な静けさを味わい、小さなことに喜びを感じることだって大切なのです。たとえ、日々の生活がどんなに慌ただしく、せわしないものだとしても。

今の子どもたちは、こんな忙しい生活が普通だと思って育ち、自分を振り返ったり、想像にふけったりする時間を与えられていません。外見や、目に見える成果だけが大切だという社会において、次世代の人たちに何を伝えることができるでしょう?

結果だけが大事なのだと子どもに教えれば、その子のやる気やアイデンティティを育てるのに必要な創造プロセスを取り上げてしまうことになります。ピアノや水泳、サッカー、ダンスのレッスンなどで子どもの予定をいっぱいにするのもよいのですが、1人になって、外部からの影響なしに自分と向き合う時間も、同じくらい必要なのではないでしょうか。

そうした中でヒュッゲは、予定が詰め込まれた生活を中和してくれる、実用的な方法だと言えます。そのエッセンスを毎日の暮らしに取り入れることで、今この瞬間を生き、楽しむことを意識することができる。
今をただ生きることは、あなたに本当の喜びを与えてくれる、何ものにも代えがたいことです。ほっとできる時間やくつろげる空間をつくることは、あなたの愛する人たち、家庭、ひいては世界や自分を発見し絆《きずな》を強めてくれる、現実的な方法なのです。

「誰かに影響をおよぼす必要を
感じなくなって初めて、
人は自由になれる」

「モノがたくさんあれば幸せになれる」という幻想

「ヒュッゲ」のライフスタイルの逆は「過剰」です。

モノを所有するのではなく、今の自分のあり方を意識し、楽しむのがヒュッゲですから、質素やつつましさが重んじられます。家族や愛する人との本当の結びつきを大切にすることが何よりも重要なのです。

次に何を買おうかと考える代わりに、地に足のついた、人との真の絆に目を向けてみましょう。**何かを所有することで安心感を得たように感じるのは、錯覚に過ぎません。**それに比べてヒュッゲは、所有しているか否かに関係なく、あらゆる社会階層の人が実践できるものです。

現代の価値観では、所有すればするほど幸せになれると思いがちです。ちまたにあふれる広告のおかげで、大きな家や高級車を持ち、高級ブランドの服を着ることが人生の幸福なのだと、信じ込まされているのです。

私たちは、このような社会の仕組みそのものに疑問の目を向ける必要があるのかもしれません。**お金は、「安心感」をもたらしてはくれるけれど、かならずしも幸福感をもたらしてくれるわけではないことは、さまざまな調査結果が示しています。**愛や本当の絆がなければ、私たちは寂しさ、虚《むな》しさを感じる生き物なのです。

モノを持たない生き方があなたに合っているかどうかは別にしても、よりマインドフルに（心を配って）日々を過ごし、自分の選択についてより意識的になるだけで、人生のクオリティは上がる。これは誰にでも当てはまることだと思います。自分にかかわることすべてについて、本当に大切なものを除いて手放していくのです。

「ミニマリズム」と「ヒュッゲ」の違い

ミニマリズムとは、気を散らす余分なものをそぎ落とし、本当に大切なものにきちんと目を向けること。暮らしを簡素化することで、思考はよりクリアになり、ストレスは軽減され、本当に大切なものと向き合う時間をつくることができるようになります。

ミニマリズムとは、今のこの瞬間をきちんと意識しながら、前向きに生きることです。自分の価値観やなりたい自分を優先順位の上に置くことでもあります。

「ヒュッゲ」は、この価値観をさらに一歩すすめたものです。

何の意味もない余計ながらくたではなく、自分が好きだと思えるものに囲まれて過ごす。自分を取り囲むすべてのものは、自分らしいか、自分が好きかということを基準に選ぶ。家の中を見渡したとき、喜びや安らぎ、愛、懐かしさを覚えるものに囲まれているのが理想です。

それは安全で、楽しくて、ストレスのない居場所をつくり上げること。自分の

心のつぶやきに耳をかたむけてみてください。たとえ持ち物をすべて失ったとしても、信念や自分を信じる気持ちは残る。それこそが、私たちを価値ある者にしてくれるのです。

どれだけお金を持っているか、どれだけ成功したかで人と自分とを比べてしまう——誰でもそんなワナにはまってしまいがちです。でも、人生はそんなことでは測れません。

人生の終わりに振り返って思うことは、自分は有意義な生き方をしたか、恩返しをしたか、人によい影響を与え好きなことに打ち込んだか、家族や友人を大切にし仲よく過ごしてきたか、ということです。出世したか、どれだけお金を稼いだかということではありません。

本当の幸せは、外ではなく、自分の中にあるものです。それを見つけることができれば、あなたは自分の核となる部分を知り、人ときちんとつながり、揺るぎない人生を送っていくことができるでしょう。

「ヒュッゲ」でモノを手放せばいいことずくめ！

◎**無駄なモノを省き、そぎ落とすためのキーポイント**

□**時間を意識する**：自分にとって価値のあることにのみ、時間を割く。

□**費用を意識する**：モノにお金をかけすぎないよう心がける。

□**デジタル面を整理する**：余分なデータは消去し、不要な配信メールを解約する。ネットサーフィンする時間を減らす。

□**服を整理する**：好きなもの、よく着ているもの以外は処分する。

□**食べ物**：自然食品、健康によい食品を選ぶようにする。カフェイン、アルコール、砂糖、加工食品はなるべく減らす。

□**マイナス思考**：ポジティブな思考だけを心がけ、自分をコントロールする。

□**気を散らすものや悪癖**：よくない癖や習慣をやめる。

□**人間関係**：そばにいるとネガティブ思考になる人は遠ざけ、前向きになれる人とつき合う。

無駄なモノをそぎ落とし、「片をつける」ためにおすすめなのが、近藤麻理恵（こんまり）の『人生がときめく片づけの魔法』（サンマーク出版）という本です。こんまりメソッドとは、手に取ったときに「ときめき」を感じるものだけを残すという片づけ方法です。

彼女は、本の中でモノを擬人化してそれに愛情と感謝の気持ちを持つことを説いています。

たとえばここに、もう要らないけれど捨てることに罪悪感を抱いてしまうプレゼントやカード類があったとします。そのプレゼントやカードの本来の目的は、贈り主からあなたへの愛や感謝をあらわすためだったということを意識する。愛や感謝はきちんと自分に伝わったのだから、モノを取っておかなければならないという義務感にさいなまれる必要はない、という考え方です。

この考え方がもたらしてくれるメリットは無限大です！　モノを片づけてスペースが生まれると、大きな変化が起きてくることに気づくでしょう。実際にやってみれば必ず効果を実感できることを、お約束します。

片づけることによって得られる身軽さ、解放感は他にないものです。つねに何かを「所有したい」と思う気持ちから脱却すると、大きな自由を感じ、もう元には戻れません。

◎**片づけることで得られる素敵なこと**

□掃除しなければならない場所が減る（ヤッタ！）。

□ストレスが減る。

□節約になる――金銭的な負担感やストレスとさよなら！

□モノを持つことへの不安が減る――モノに支配されなくなる。

□自由を得られる。

□モノの消費量が減り、環境にやさしい生活を意識するようになる。

□表面的なもの、見かけだけのものに目が行かなくなる。

□自信がつく。

□失敗が怖くなくなる。

□質のよいものだけを持つようになる。

□もっと幸せを感じられる！

□健康、大切な家族や友人、自分のやりたいことのためにより多くの時間を使える。

□流行に乗り遅れまいとがんばる必要がなくなる。
□今を生きられるようになる。
□心の平和と落ち着きを得られる。

「我々は、好きでもない人に見栄を張るために、
金持ちでもないのに金を使って、
欲しくもないものを買っている」

デイブ・ラムジー

「孤独」や「退屈」が現代人に幸せをもたらす理由

夢を描いたり、人生についてよく考えたりするためには、自分1人の時間を持つことがきわめて大事です。内省的で無為な時間をくつろいで過ごすことで、私たちは本当の自分を知るための心の余裕を得ることができるのです。

少し立ち止まって、昨日の、あるいは過去1週間や1か月の自分を振り返ってみることは、とてもヒュッゲ的。それは心の中の聖域を探し当て、安らぎを得ることでもあります。

ヒュッゲ研究でも有名なイェッペ・トロール・リネット博士はこれを「自らの中に安らぎを見出《みいだ》す（hvile i sig selv）」という言葉で表現しています。

「デンマーク人は、人間性を高く評価するときにこの言葉を使う。身の丈に合った生き方をし、他人と自分を比べたりせず、ぶれない人……つまりは幸福な人のことを指す。そういう人は穏やかで自信に満ち、バランスのとれた空気を醸し出しており、その人から発信されるメッセージは、クールで、スタイリッシュで、優雅な人格そのものだ」と述べています。

これを実践するために、誰にも邪魔されずにリラックスできる時間と場所を確保しましょう。ネットサーフィンやテレビの誘惑に負けてはいけません。

お気に入りの美術館に足を運んだり、何かを手づくりしたりしてみるというのはどうでしょう。おいしいお茶をいれたり、自転車をこぎながら景色を楽しんだりするだけでもよいのです。あちこち目移りして気を散らすのではなく、心が体に追いついてくるのを待ちましょう。

職場にも家にも人がたくさんいて、1人の時間をなかなかつくれない場合もあると思います。人とのつながりはとても大切ですが、自分自身ときちんとつながっていることがもっと大切だということは、忘れずにいてください。


孤独は、私たちに自然に備わっている創造性を育む能力を高めてくれます。何もしない時間を無駄と考える風潮がありますが、雑事が多く慌ただしい日々は想像力を妨げ、逆に退屈や無為の時間がインスピレーションをもたらしてくれる、というのは本当です。

私たちはつねに生産的で、活動的で、何かに参加していなければならないと教えられてきました。でも結果を出すためにずっと走り続けていたら、いつ自分の心の声に耳をかたむけることができるでしょうか。

人は退屈すると、自分を楽しませるために創造力を発揮せざるを得なくなります。これが心によい作用をもたらしてくれるのです。絵を描いたり、文章を書いたり、何かをつくり上げる能力はそこから生まれてきます。

私たちは退屈という居心地の悪い感情に陥らないために、外的な気晴らしを求めてしまいがちです——テレビ、インターネット、あるいはお酒やドラッグ、パーティで騒ぐことなど。でも、幸せでいるためには、つねに刺激を求める必要はないのです。

むしろ、その逆です！

最後に自分を振り返ってみたのはいつのことですか？　そんなこと言われなくても自然にできている、と言う人もいるかもしれません。でも本当のところ、自分自身をきちんと理解することなしに、他人を理解することなどできません。

自分を振り返ってみることは、はじめはやりづらく、居心地が悪く感じるかもしれません。でも、やるのです！　逃げずにきちんと取り組めば、いろいろなことが楽になります。

たとえば、瞑想《めいそう》を試してみましょう。1日5分程度からはじめ、慣れてくるにつれ20分ぐらいまでのばしていきます。瞑想は、精神的にも、肉体的にも、感情的にも、よい作用をもたらしてくれます。

瞑想は私たちの総合的な幸福感、充実感、そして健康を増進してくれるという研究結果もあります。

瞑想は高血圧を抑え、痛みをやわらげ、免疫機能を高めて心身に活力を与えてくれます。さらに集中力を高め、心を落ち着かせ、ストレスを軽減し、創造力を刺激してくれます。人とも自分ともきちんとつながり、脳の機能を高め、よりよく眠れるようになります。よいことずくめでしょう?

子どものころ、何をして遊ぶのが好きでしたか？

ヒュッゲが私の人生にもたらしてくれた最大の変化は、**自分の「内なる子ども」**と再び出会えたことです。正直なところ、それがなければこの本を書いてはいなかったでしょう。

両親が住む実家に帰って、子どものころ使っていたおもちゃや学習ノート、絵などを眺めていたとき、5歳から10歳のころに書いた文章が50編以上、出てきました。

私はひとりっ子だったので、1人遊びをすることが多かったのです。1人でいる時間が長かった分、創造性が刺激されたらしく、いつも何かをつくり出していました――文章を書いたり、歌をつくったり、工作をしたり。

最近、自分は子どものころ何をして遊ぶのが好きだったのだっけ？　と思うことがありました。そして、周囲から時間の過ごし方を教わる前の自分は、文章を書いていたことを思い出したのです。フィクションというよりは、アクティビテ

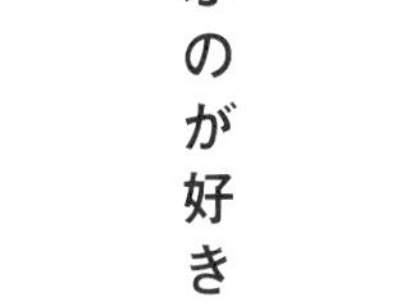

ィや科学、アート、そしてこの本のようなリサーチの分野について書いていました。それを思い出した瞬間から、その内なる情熱にもう一度火を灯《とも》して、再び書いてみようと決心しました。子どもの自分と再会したことで、すばらしいことが起きたのです！

小さなころから好きなことがはっきりとしていて、成長してもそれをずっと続けていられたというラッキーな人もいるでしょう。でも、途中でそれを見失い、大人になってから再び出会う人も多いのです。もちろん、慌ただしい毎日に忙殺され、不運にも再会できない人だっています。

これが絶対に必要なことだと言うつもりはありません。子ども時代のことは思い出したくないという人もいるでしょう。でも、過去に自分が大好きだった何かがあったのではと思ったら、昔に戻って、あなたが幸せに感じていたものを思い出してみてください。

子どものころ好きだったことを思い出すことで、目標や純粋さといった、ヒュッゲの感覚もよみがえってきます。長く忘れていた喜びの感覚が呼び覚まされることになるかもしれません。

あなたに子どもがいるなら、その子が自分自身を知り、振り返り、掘り下げて創造するための時間をつくってあげてください。遊びの時間は、人間が成長するのに必要不可欠なものです。**子どもには最良のものを与えたいと思うのが親心というものでしょうが、研究によれば、子どもにはアクティビティやおもちゃを与えすぎないことが重要だそうです。**与えすぎると、すべてを消化して理解することができなくなるからです。結局のところ、子どもが自分で工夫できるような、静かで落ち着いた、シンプルな環境を与えるのがもっとも効果的なのです。

◉ 子どものころ、何をするのが好きでしたか？　書き出してみてください。

「周りから
こうなりなさいと言われる前、
あなたがなりたかったものを
思い出せますか？」

ダニエル・ラポート

憂うつな気分も「ヒュッゲ」で乗り切れる

多くの人にとって冬とは、人との集まりをなるべく避けてゴロゴロと寝て過ごす、全体的にどんよりとした季節。皮肉なことに、何もせずに体を休めたいと思う一方で、クリスマスや新年など季節のイベントにからめ捕られ、やらなければならないことが（体重とともに）増えてしまう時期でもあります。気がつけばくたびれ果てて、ぐったりしているということもしばしばです。

気候の変化に敏感な人の中には、SAD（季節性情動障害）に悩まされる人もいます。これは、日照時間が減る秋から冬にかけて気分が落ち込んだりする病気のことで、9月から4月の間にかかりやすく、とくに12月から2月の間は顕著だと言われています。症状は抑うつ、不安、無気力、情緒不安定、睡眠障害、倦怠《けんたい》感《かん》、過食、拒食、性欲減退、人と会いたくなくなる、などが挙げられます。

ウィンター・ブルーはやや軽いSADの状態だと言えるでしょう。

子どものころの私は、かなり強いウィンター・ブルーにかかったものでした。

食がすすまず、何かと言えば泣き出すので、医師からはみずから治そうとしないのならセラピーを受けなさい、と言われました。

治療法には、俗に「ハッピー・ランプ」と呼ばれている光治療器を使った、オーソドックスな方法があります。毎朝太陽光に似た人工の光を浴びて体をだまし、SADを引き起こす要因であるメラトニンの過剰分泌を抑える方法です。SADに苦しむ人には非常に効果的なようです。

あるいは、できるだけ外に出て、自然の太陽光を浴びるのも有効です。これらの方法で効果が見られなかったら、冬の間だけ抗うつ薬を飲んで、絶望感や不安感を抑えることもできます。ただし、抗うつ薬にはそれなりの副作用が伴います。

（＊注意：私はセラピストではありません。深刻なうつ症状に悩まされている方は、専門医にかかるようにしてください）

ヒュッゲはどのようにSADの役に立つのでしょう？

ヒュッゲな暮らしとは、前向きな気持ちからはじまることを、思い出してください。暗くて寒い、じめじめとした冬の季節ともうまくつき合い、楽しく、あたたかく、「心地いい」時間を過ごす工夫でブルーな気分を乗り越えるのです。

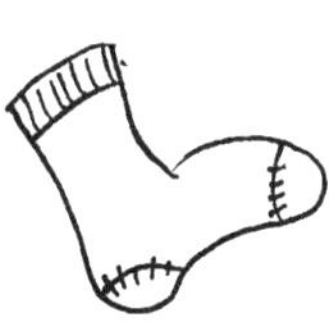

日の短い、暗い中で過ごすのは、どんなに前向きでハッピーな人にとっても簡単なことではありません。デンマーク人は、ヒュッゲを楽しみにすることで冬を乗り切ってきました。冬という季節を前向きなイベントに変えてしまうのです。

また、寒い季節を受け入れることで、体に自然と備わっている体内時計が冬の暗さや日照時間の短さに適応してくれるようになります。体が季節にうまくなじんでくれれば、不調に悩むことも減っていきます。

自分だけの殻に閉じこもってしまいたくなっても、孤立しないようにしましょう。服を着替えて出かける——その一歩を踏み出すのは気合いが要るかもしれません。でも、他人とつながるあたたかみを感じれば、その苦痛は喜びに変わっていくはずです。

毎日「ありがとう」の練習をしよう

感謝とは、より多くを求める代わりに、今あるものをありがたく、大切に思う気持ちです。その気持ちを、他人へのやさしさに変えていくこと。それこそがヒュッゲの心そのものです。

感謝の気持ちを持つことができれば、幸福感は増し、つねに幸せを感じていられるでしょう。感謝する気持ちはまた、活力や前向きな気持ち、他人への共感につながり、ストレス・不安・恐れなどの感情にもうまく対処できるという研究結果もあります。

「感謝」してみませんか——新しいエクササイズの習慣をつけるような気持ちで。意識して感謝し、その感情を保つ癖をつけるのです。

たとえば、ありがたいなと思ったことを日記のように記録してみる。携帯電話のメモ機能に打ち込むだけでもかまいません。瓶を用意して、何かに感謝するたびにキャンディを入れていくのでもよいと思います。**毎日のように、感謝の気持**

ちを発信する習慣をつけるのです。

それができるようになったら、次は感謝の気持ちを他人へのやさしさに変えてみましょう。ボランティア活動をしたり、友人や家族の手伝いをしたり。感謝の気持ちを行動であらわすのです。

ネガティブ思考や他人への批判をしそうになったら、即座に気持ちを切り替えて、何か前向きなことを考えるようにしましょう。頭に浮かんだことはすべて無意識という形で脳にダウンロードされてしまうため、ポジティブな気持ちで頭をいっぱいにしておくことが大切です。

誰かのネガティブ思考に引きずられたり、巻き込まれたりしないように。たとえば誰かが寒い寒いとこぼしたら、話題を変えるか、ポジティブな返事をするのです。寒いときこそ、毛布にくるまってあたたかいお茶を飲んだり、スキーをしたり、雪だるまをつくったりする絶好の機会ですよね、と。人生がもっと楽しく、生きやすくなります。

おわりに

最後までお読みいただき、ありがとうございました。暮らしにヒュッゲを取り入れる方法がお分かりいただけたと思います。ヒュッゲの歴史、ヒュッゲの意味をはじめ、すべての瞬間を特別なものにする方法も。この本を通じて、さまざまなインスピレーションを感じていただけたならとても嬉《うれ》しいです。

ヒュッゲは、私たちの日々の暮らしにたくさんのよいことをもたらしてくれます。よりよい人間関係を築き、心の平和や幸福感を得ることができます。そして、「あなた」自身にとって本当に大切なものを、きちんと大切にすることができるようになります！

私がそうであるように、ヒュッゲのある暮らしに価値を見出《みいだ》してくれたなら何よりです。この本があなたの大切なもの、あなたという人をつくっているもの、あなたの愛や情熱、人との絆《きずな》、そして喜びを見つけるささやかな、けれど大きなきっかけとなりますように。

さあ、スピードをゆるめて、くつろぎの時間を楽しんでください！

謝辞

たくさんのすばらしい人たちからインスピレーションと励ましをもらって、この本を完成させることができました。みんな、応援ありがとう！　みんなのサポートなしではここまで来られませんでした。

この本を書くに当たって必要な情報やツールを用意してくれたチャンドラー・ボルト。怖くて逃げ出したくなったときに何度も励ましてくれたダイアナ・リムとロイ・イェン。私をこの世に生んでくれ、あたたかい家庭の大切さを教えてくれたすばらしい両親、ハイニとホルテンシア・エドバーグ。私のソウルメイトであり相棒であり、どんなときも信じていてくれるトニー・ディーン・スミス。そして私の毎日にあふれるほどのヒュッゲと愛をもたらしてくれる猫のチャーリーとヘンリー。みんなに感謝を捧《ささ》げます。

マツの木
歓迎
安心
居心地のよい
平凡
仲のよい
ゆるむ
冬
こぢんまり
毛布
穏やか
フレンドリー
チェック模様
うっとりするような
真心
家族
マフラー
幸せ
シナモン
あたたかさ
雰囲気
秋
ぬくぬく

Hygge Keyword

おこもり
堅苦しくない
ワイン
安全
春
夏
信頼
平和
落ち着く
シンプル
クッキー
地に足がついた
友情
子ども時代
元気づける
リラックスした
親しみ
家族愛
元気
ろうそくの明かり
親密
くつろいだ
喜び
平等
気さくな
紅茶
食べ物
つながり
家庭
よく生きる
幸福
オーセンティック

訳者あとがき

「ヒュッゲ」というデンマーク語が、日本でもじわじわと注目を集めるようになっています。

もともとは北欧のノルド地方の「幸福」を意味する言葉ですが、現代では「心地よさ」「くつろぎ」などとするのがもっとも近いでしょうか。世界幸福度ランキングでつねに上位に入るデンマークの人たちの、シンプルでありながら豊かな暮らし方、生き方を指しています。


著者はデンマーク人の父とフィリピン人の母の下デンマークで生まれ、幼いころに一家でカナダに移り住んだ女性です。愛情ある家庭で育ちましたが、学校ではいじめを経験し、大人になってからは失恋、失業などの試練にぶつかります。

そして悩みながら「自分探し」をするうちに、デンマーク流の「幸福」の考え方に行き当たります。他人との競争を好まず、人からどう見られるかを気にせず、家族や友人とくつろいで過ごし、ともに語り合う時間を何よりも大切にする。デンマーク人はそうした空間・時間すべてをひっくるめて「ヒュッゲ」と呼んでいます。

著者はヒュッゲに興味をいだき、父に本場のヒュッゲについての話を聞いたりしながら、その知識を深めていきます。ヒュッゲの基本的な精神、ヒュッゲな暮らし方、心のありようについて、みずからの体験をまじえながら紹介したのがこの本です。

ヒュッゲ精神に根ざした空間づくりや時間の過ごし方には、「スペシャル感」はほとんどありません。自分がくつろいだ気分になれるもの（肌触りのよい毛布やお気に入りのアロマキャンドル、リラックスできる音楽）を身近に置く。気のおけない仲間と近場にピクニックに出かけ、たわいないおしゃべりを楽しむ。クリスマスには家の中を飾りつけ、家族や友人をワインや手づくりの料理でもてなす――そのどれもがシンプルで、お金もストレスもかからない、一見当たり前に感じられるものばかりです。

しかしこれだけちまたに情報があふれ、誰もが時間に追われている現代社会にあって、その「当たり前」なことを実践し続けることがどれほど難しいことか。

デンマークの人たちはそれが分かっているからこそ、ヒュッゲな生き方を続けることに真剣で積極的なのでしょう。

人と競争したり、他人と自分を比較したりする考え方を嫌う彼らが、自分らしくいられる時間や空間に強くこだわるのも、そのためかもしれません。

日本にも「冬支度」や「冬ごもり」「団らん」といった美しい言葉があり、それはヒュッゲの精神ともつながる感覚だと思います。

冬の間を快適に過ごせるよう家の中をととのえたり、あたたかい部屋の中で毛布にくるまってぬくぬくと寝そべったり、親しい人と語り合って過ごす時間の心地よさは、誰もがなじみのあるものです。にもかかわらず、デンマークのような「ヒュッゲ生活」を送っている人は決して多くはない気がします。

日本人には他人の目を気にする（横ならびの）感覚があって、いまだにプライベート重視を堂々と主張しづらい空気があるのかもしれません。

「ワークライフ・バランス」が、そのコンセプトは多くの人の支持を得ていながら、実際にはなかなか浸透していないことからも、その空気感が伝わってくるようです。

そんな中で注目を集めるようになった「ヒュッゲ」。

くつろいだ、穏やかで気負わない暮らしのアイデアや考え方とともに、その根底にある、他人の目や評価を気にしない、おおらかでしなやかな、自分らしい心のあり方——すべてをひっくるめた生き方のヒントを、本書の中に見つけてくださったらとても幸せです。

冬を迎える季節のみならず、日々の忙しさに疲れたとき、人間関係で悩んだとき、何かがうまくいかないとき、この本を手に取ってみてください。ページのどこかに、かならずあなたを癒やし、導いてくれる言葉が見つかると思います。

最後に、この本を翻訳するに当たり、全面的にバックアップしてくださったサンマーク出版の平沢拓さん、オフィス宮崎の宮崎壽子社長、小西道子さんに、心から御礼申し上げます。ありがとうございました。

2017年秋

永峯涼

4 映画を観《み》て リラックスする	**5** 1日1人で 過ごし、 孤独を楽しむ	**6** 子どものころに 好きだったことを やってみる	**7** 居心地のよい カフェを見つけて、 あたたかい 飲み物を飲む
11 携帯電話の 電源を切って 1日を過ごす	**12** 友人との 食事会を 計画する	**13** 家に人を呼んで お茶とお菓子を ふるまう	**14** 15分間 瞑想《めいそう》する
18 会いたいと 思う人に 手紙を書く	**19** パンか お菓子を 焼く	**20** 手料理を つくる	**21** アロマ キャンドルを 灯《とも》す
25 ヨガの レッスンを 受ける	**26** 仲のよい人に 手づくりの プレゼントを贈る	**27** 花を摘んで、 花瓶に生ける	**28** 癒やしの 音楽を かける

Hygge

「ヒュッゲ」30日間チャレンジ

1 熱いお風呂に 入る	**2** 日の出を 眺める	**3** 旧友に 連絡する
8 読もうと 思っていた 本を読む	**9** 暖炉の火 （または ろうそくの灯）の そばでくつろぐ	**10** 自分をハッピーに してくれるものを リストアップする
15 丸1日 予定を入れない	**16** ふかふかの スリッパを履く	**17** くつろげる 服装で 散歩に出かける
22 フェイシャル パックをする	**23** 夕日を 眺める	**24** 身の回りの 電子機器を 片づける
29 ペットや、 愛する人を ハグする	**30** かなえたい 夢を日記に 書き出す	

[著者]

ピア・エドバーグ
Pia Edberg

作家、アーティスト、起業家。デンマークのニュークビン・ファルスターに生まれ、現在はカナダのブリティッシュコロンビア州・バンクーバー在住。人間性に興味を持ち、15年以上にわたって自己啓発の研究を行ってきた。10年前から人材開発の仕事に就いている。人にインスピレーションを与える仕事を通じて、みずからも学んだことを広く紹介していくことを目標としている。趣味は中古品から掘り出し物を見つけること、ギター、ヨガ、ダンス、そして２匹の愛猫と遊ぶこと。

ピアについて詳しく知りたい方は、彼女のウェブサイトまで。

www.piaedberg.com

[訳者]

永峯涼（ながみね・りょう）

上智大学外国語学部卒業。訳書に、『ザ・クオンツ』『ぼくは数式で宇宙の美しさを伝えたい』『マインドフルネス』『危機と決断（共訳）』（いずれもKADOKAWA／角川書店）、『セクシーに生きる』（プレジデント社）などがある。

Hygge《ヒュッゲ》

北欧生まれの「世界一幸せなライフスタイル」実践法

2017年10月10日　初版発行
2017年11月10日　第2刷発行

著　　者　ピア・エドバーグ
訳　　者　永峯涼
発 行 人　植木宣隆
発 行 所　株式会社サンマーク出版
　　　　　東京都新宿区高田馬場2-16-11
　　　　　電話 03-5272-3166（代表）
印　　刷　中央精版印刷株式会社
製　　本　株式会社村上製本所

定価はカバー、帯に表示してあります。
落丁、乱丁本はお取り替えいたします。

ISBN978-4-7631-3630-5　C0030
ホームページ　http://www.sunmark.co.jp